PRÉPARATION

AUX EXAMENS DE SAINT-CYR

QUESTIONNAIRE

DES

EXAMENS D'ADMISSION

A L'ÉCOLE DE SAINT-CYR

(MATHÉMATIQUES)

PAR

MM. CH. COCHEZ ET J. GRAND

PARIS
LIBRAIRIE GEORGE ANOYAUT
25, Rue Cujas, 25
(53, Boulevard Saint-Michel, 53)

QUESTIONNAIRE

des

EXAMENS D'ADMISSION

A L'ÉCOLE DE SAINT-CYR

PRÉPARATION

AUX EXAMENS DE SAINT-CYR

QUESTIONNAIRE

DES

EXAMENS D'ADMISSION

A L'ÉCOLE DE SAINT-CYR

(MATHÉMATIQUES)

PAR

MM. CH. COCHEZ ET J. GRAND

PARIS

LIBRAIRIE GEORGE ANOYAUT

25, Rue Cujas, 25

(53, Boulevard Saint-Michel, 53)

Le Questionnaire des examens pour l'admission à l'Ecole spéciale militaire de St-Cyr que nous dédions aux élèves qui s'y préparent est le complément nécessaire et indispensable des cours qui leur sont faits dans les divers Etablissements d'instruction.

Nous avons groupé avec tout le soin possible les questions posées depuis nombre d'années par MM. les Examinateurs dans les divers examens relatifs à cette Ecole, et si nous y avons ajouté un certain nombre de questions c'est dans le but de familiariser les candidats avec les difficultés de l'examen.

MM. les Professeurs trouveront dans ce recueil contenant plus de 1200 questions énoncées, des sujets de devoirs pour leurs élèves.

Si nous avons réussi dans notre tâche et si nous avons contribué à la réussite des bons élèves nous nous estimerons par cela même récompensés de notre labeur.

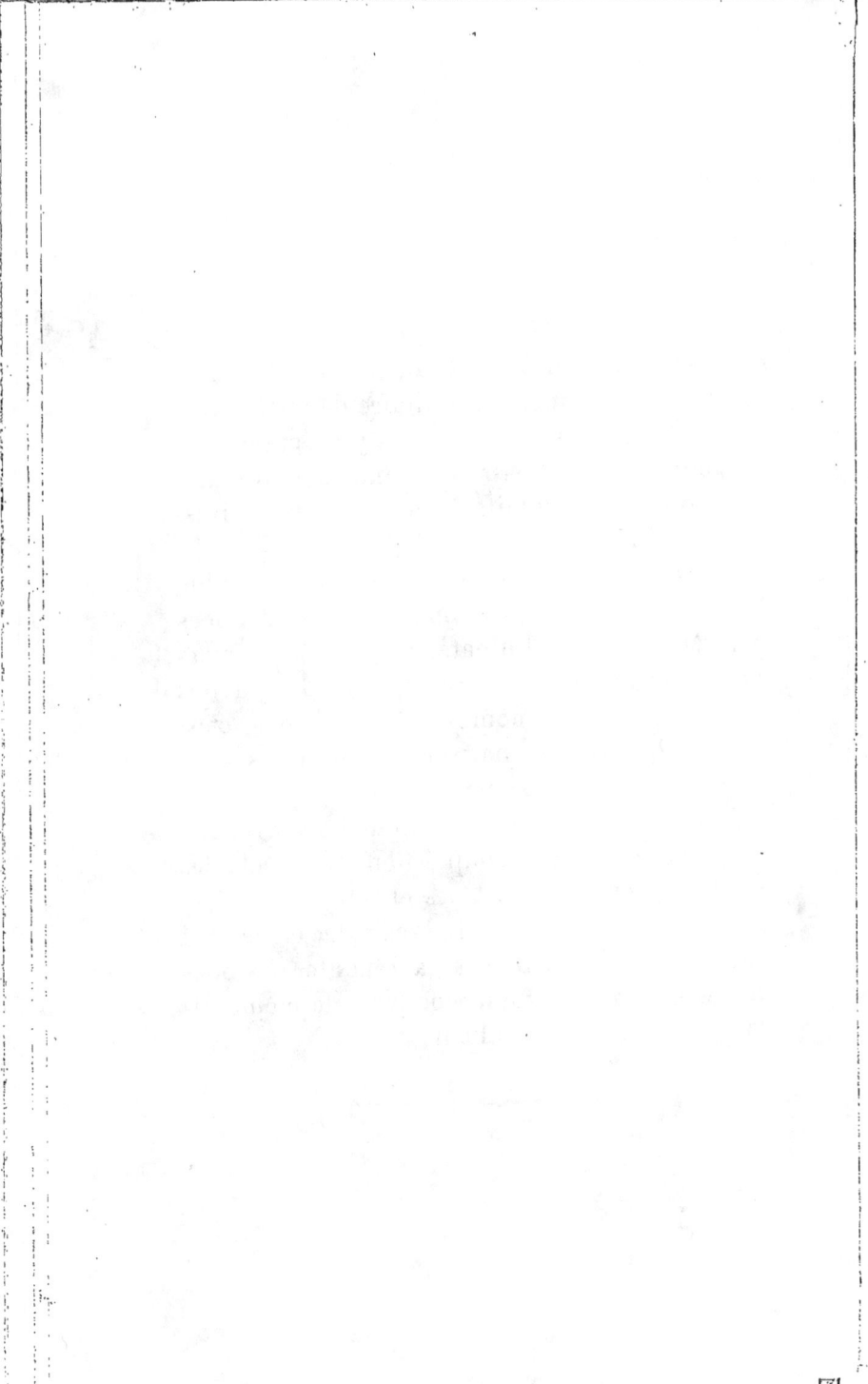

ARITHMÉTIQUE

— Montrer sur l'exemple suivant : $0{,}12 \times 7 \times \frac{3}{4}$ qu'on peut intervertir l'ordre des facteurs.

— Si, dans une division, on ajoute un certain nombre au diviseur, comment doit-on modifier le dividende pour que le quotient et le reste ne soient pas modifiés ?

— Trouver les caractères de divisibilité par 4, 18, 7, 11 et 13.

— Reste de la division de 9^{9^9} par 7.

— Trouver le reste de la division de $(5837)^3$ par 11.

— Démontrer que le produit $n\,(n+1)\,(2\,n+1)$ est toujours divisible par 6, quel que soit n, entier.

— Démontrer que le produit $n\,(n+1)\,(n+2)\,(n+3)$ est divisible par 24, quel que soit n entier.

— De même, le produit $(n^2-1)\,n^2\,(n^2+1)$ est divisible par 60.

— $(ab)\,(a^2+b^2)\,(a^2-b^2)$ est divisible par 30.

— a^7-a est divisible par 42.

— De même, le produit $n\,(n+1)\,(n+2)$ est divisible par 60 si le nombre du milieu est carré parfait.

— Si 3^{n+1} est multiple de 10, $3^{n+4}+1$ l'est aussi.

— De même $n(n^2+11)$ est divisible par 6.

— Le carré d'un nombre premier diminué de 1 est un multiple de 24, sauf pour 2 et 3.

— De même, $a^{n+4}-a^n$ est divisible par 10.

— De même $2^{10}+2^5$ est divisible par 3.

— De même a^7-a est divisible par 2.

— De même a^5-5a^3+4a est divisible par 120.

— Démontrer que la fraction $\frac{1}{n}+\frac{1}{n+1}$ est irréductible.

— Même question pour $\frac{2n+1}{n(n+1)}$

— La fraction $\frac{a}{b}$ étant irréductible, les fractions

$$\frac{a}{b}+\frac{a^2}{b^2}\quad,\quad\frac{a}{b}+\frac{a^2}{b^2}+\frac{a^3}{b^3}\quad,\quad\frac{a+a^2+a^3}{b+b^2+b^3}$$

sont-elles irréductibles ?

— Les fractions $\frac{a}{b}$ et $\frac{c}{d}$ étant irréductibles, démontrer que la fraction $\frac{ad+bc}{bd}$ est irréductible si b et d sont premiers entre eux.

— Les fractions $\frac{a}{b}$ et $\frac{c}{d}$ étant irréductibles, quelle est la condition pour que la fraction $\frac{ac}{bd}$ soit toujours irréductible ?

— Les fractions $\frac{a}{b}$ et $\frac{c}{d}$ étant irréductibles et m, n étant premiers entre eux, démontrer que les nombres $m.a + n.c$ et $m.b + n.d$ n'ont d'autres diviseurs communs que ceux de $a.d - b.c$

— Trouver la condition pour qu'une fraction donnée puisse être convertie en une fraction équivalente dont le dénominateur soit une puissance d'un nombre donné.

— Démontrer que la fraction $\frac{1}{n-1} + \frac{1}{n} + \frac{1}{n+1}$ réduite en décimales donne touojurs une fraction périodique mixte.

— Trouver l'ordre de grandeur des fractions

$$\frac{a-b}{a+b}, \quad \frac{a^2-b^2}{a^2+b^2}, \quad \frac{a^3-b^3}{a^3+b^3}$$

— Si les nombres a, b, c, d forment une proportion, peut-on en déduire $\frac{ab}{cd} = \frac{(a+b)^2}{(c+d)^2}$?

La réciproque est-elle vraie ?

— Trouver la somme

$$\frac{1}{1.2} + \frac{1}{2.3} + \frac{1}{3.4} + \dots + \frac{1}{n(n+1)}$$

limite de cette somme quand n croît indéfiniment.

— Si a et b sont premiers entre eux, la somme $\frac{1}{a} + \frac{1}{b}$ peut-elle être égale à $\frac{1}{x}$, x étant entier ?

— Démontrer que le P. G. C. D. de deux nombres a et b est le même que celui de a et de $ma + b$.

— Si a et b sont premiers entre eux, il en est de même des nombres $a + b$ et ab.

— Si a et b sont premiers entre eux, les nombres $a + b$ et $a^2 - ab + b^2$ n'ont d'autre facteur commun que 3.

— Si a et b sont premiers avec 7, démontrer que $a^2 + b^2$ l'est aussi.

— Tout nombre premier est de la forme $6n \pm 1$. La réciproque est-elle vraie ?

— Les nombres $a + bc$ et $a + b(c - 1)$ ont le même P. G. C. D. que a et b, quel que soit c.

— Le P. G. C. D. des nombres $ap + bq$ et $ap' + bq'$ est le même que celui de a et b, pourvu que $pq' - qp' = 0$.

— Soit Δ le P. G. C. D. des nombres $a, a_1, a_2, a_3 \ldots a_n$ et soit S leur somme. Démontrer que le P. G. C. D. des nombres $S - a_1, S - a_2, \ldots S - a_n$ est de la forme $\Delta . a(n - 1)$.

— On forme le produit $P = 2 \times 3 \times 4 \times 5 \ldots \times n$ et on considère les nombres $P + 2, P + 3, \ldots P + n$. Ces nombres sont-ils premiers ? Démontrer que, quelque soit n, on peut toujours former $n - 1$ nombres entiers consécutifs dont aucun ne soit premier.

— Trouver deux nombres connaissant leur somme S et leur P. G. C. D. Δ ou leur P. P. M. C. μ.

— Chercher le plus petit nombre qui ait 21 diviseurs.

— On forme le produit $1 \times 2 \times 3 \times \ldots \times 30$; avec quel exposant, le facteur 7 y entre-t-il ?

— Même question pour 3 dans le produit $1 \times 2 \times 3 \times \ldots \times 1000$.

— Soient trois nombres a, b, c et soit Δ le P. G. C. D. des produits ab, ac, bc ; démontrer que le P. P. M. C. de ces trois nombres est $\mu = \frac{a.b.c}{\Delta}$

— Soient deux nombres premiers entre eux, 4 et 9 ; on forme la suite :

$$4 \times 1,\ 4 \times 2,\ 4 \times 3, \ldots,\ 4 \times 8.$$

— Qu'arrive-t-il si on divise tous ces nombres par 9 ?

— Démontrer que le carré d'un nombre premier est un multiple de 24 augmenté d'une unité.

— Si a et b sont premiers entre eux, trouver x pour que $ab + x^2$ soit un carré parfait.

— Soit $N = a^3b\,c^4d^5$ décomposé en facteurs premiers choisir deux diviseurs tels que $N = D\,D'$ et que D soit carré parfait ou cube parfait. Trouver le nombre des carrés qui divisent $a^2c^4d^4$.

— Si l'on a $a^2 + b^2 = c^2$, abc est divisible par 60.

— Trouver un nombre carré parfait de 4 chiffres tel que les deux premiers soient égaux, ainsi que les deux derniers.

— Si un carré est terminé par 5, démontrer que le chiffre de ses dizaines est nécessairement 2.

— Soit N un entier, a sa racine carrée à une

unité près par défaut, r le reste de l'opération. On divise N par a et soit r' le reste. Dans quel cas a-t-on $r = r'$ et si on ne l'a pas, à quoi r' est-il égal ?

— Trouver deux nombres entiers consécutifs connaissant leur produit 600.

— Même question pour deux nombres différant de deux unités et dont le produit est 675.

— Même question pour deux nombres différant de 3 unités et dont le produit est 700.

— Le nombre n étant entier, trouver la racine carrée de $\frac{n-1}{n}$ à $\frac{1}{n}$ près et de $n(n-1)$ à une unité près.

— Un diamant pèse 0 gr. 411 et coûte 200 fr. Combien coûte un diamant de 0 gr. 822 ?

— Démontrer que la somme $n^3 + (n+1)^3 + (n+2)^3$ est divisible par $9(n+1)$.

— On donne les nombres 0, 1, 2, 3, 4, 5 et leurs cubes 0, 1, 8, 27, 64, 125 ; démontrer que si on divise ces cubes par 9, on a pour restes 0, +1, — 1, 0, +1, — 1.

— Simplifier :

$$x = \sqrt{12} + 2\sqrt{27} + 3\sqrt{75} - 9\sqrt{48}$$

— Calculer à 0,01 près

$$x - \sqrt{2} + \sqrt{3} + 2\sqrt{2}$$

$$x = \sqrt{6} - \sqrt{24} + \sqrt{54}$$

— Calculer à 0,01 près

$$x = \pi\sqrt{3} \qquad x = 54\sqrt{\frac{1}{3}}$$

$$x = 92\sqrt{5}$$

$$x = (2 + \sqrt{3})\ (1 - 2\sqrt{2})$$

$$x = 100 - 3\sqrt{2}$$

— Calculer à 0,001 près

$$x = \pi\sqrt{3}$$

$$x = \frac{54{,}8\sqrt{3}}{2}$$

— Calculer avec 5 chiffres exacts.

$$x = \pi\sqrt{2}\ (\sqrt{5} + 1)$$

— Calculer à 0,01 près

$$x = \frac{1}{0{,}00325}$$

$$x = \frac{24}{\sqrt{3} + 1}$$

$$x = \frac{\sqrt{5}}{\sqrt{5} + 1}$$

$$x = \frac{8}{\sqrt{7} - \sqrt{6}}$$

$$x = \frac{\sqrt{8}}{\sqrt{7} - \sqrt{6}}$$

$$x = \frac{7\sqrt{2}}{8 - \sqrt{2}}$$

$$x = \frac{120\sqrt{8}}{3 + \sqrt{7} + \sqrt{8}}$$

— Sur quelque approximation peut-on compter dans le résultat de $x = \frac{1}{\sqrt{2} + \sqrt{3}}$ étant donnés $\sqrt{2} = 1,41$ et $\sqrt{3} = 1,73$?

— Calculer $x = \sqrt{\frac{73}{91}}$ à 1 près

$x = \sqrt[3]{\frac{n-1}{n}}$ à $\frac{1}{n}$ près

$x = \sqrt{\frac{29}{3}}$ à $\frac{2}{5}$ près

$x = \frac{1}{\sqrt{\frac{2}{3}}}$ à 0,01 près

$x = \sqrt{\frac{\pi\sqrt{5}}{\sqrt{2}}}$ à 0,001 près

$x = \sqrt[3]{\frac{25000}{\pi}}$ à $\frac{1}{2}$ près

$x = \sqrt[4]{2}$ à 0,01 près

$x = \sqrt{5 - 2\sqrt{5}}$ à 0,01 près

$x = \sqrt{7 - \sqrt{48}}$ à 0,01 près

$x = \sqrt{3857 + \sqrt{5}}$ à 0,01 près

$$x = \sqrt{\frac{147}{25} + 3} \quad \text{à } 0{,}1 \text{ près}$$

— Le premier chiffre d'un nombre est 3, l'erreur relative de ce nombre est $\frac{1}{4 \times 10^4}$. Avec combien de chiffres exacts l'a-t-on calculé ?

— Calculer en degrés l'angle A d'un triangle, connaissant C en arc et B en grades.

— Un billet de 2.300 fr. payable à 90 jours a été escompté chez un banquier et on a touché 2.276 fr. Quel était le taux de l'escompte ?

— On achète 120 fr. de rente 3 0/0 pour 4.100 fr. On demande le cours de la rente et les frais perçus.

— Un lingot d'argent et de cuivre pèse 6 kg. 800 au titre de 0,800. Combien vaut-il ?

— Un lingot d'argent et de cuivre pèse 12 kgr. et son titre est 0,835. Quel poids de cuivre faut-il lui enlever pour élever son titre à 0,900 ?

GÉOMÉTRIE PLANE

— La droite qui joint le sommet de l'angle droit d'un triangle rectangle au centre du carré construit sur l'hypoténuse est bissectrice de cet angle.

— Soit H le point de concours des hauteurs d'un triangle isocèle ; on décrit une circonférence sur AH comme diamètre. Démontrer que les tangentes aux pieds des deux autres hauteurs se coupent sur le milieu de la base.

— On donne deux circonférences sécantes en A et A'. En A on mène deux sécantes quelconques. Démontrer que les droites qui joignent leurs extrémités font un angle constant.

— Un triangle qui a deux bissectrices égales est isocèle.

— Décrire une circonférence :

1° Passant par un point donné et tangente à une droite donnée en un point donné.

2° Passant par un point donné et tangente à deux droites données ou à deux circonférences données.

3° Passant par deux points et tangente à une droite donnée ou à une circonférence donnée.

4° Passant par deux points donnés et interceptant

sur une droite donnée un segment de longueur donnée.

— Construire un triangle rectangle connaissant :

1° L'hypoténuse et le rayon du cercle inscrit ;

2° un côté c, la différence $a - b = l$;

3° la hauteur h et le rapport $\frac{b}{c} = K$;

4° les deux médianes m_b et m_c ;

– Construire un trapèze connaissant les 4 côtés.

— Construire un triangle connaissant :

1° les angles et le périmètre $2p$;

2° deux côtés b, c et la médiane comprise ;

3° un côté, l'angle opposé et la bissectrice correspondante ;

4° un côté, la hauteur correspondante et le pied de la bissectrice sur le côté donné, ou la longueur de cette bissectrice ;

5° un côté, la hauteur correspondante et le rayon r du cercle inscrit ;

6° un angle, la hauteur correspondante et le périmètre ;

7° un côté a, l'angle B et la somme $b + c = l$;

8° un côté, la bissectrice correspondante et son pied sur ce côté ;

9° un côté, la hauteur correspondante et le rapport des autres côtés ;

10° un côté a, l'angle B et le rapport $\frac{c}{b} = \sqrt{2}$;

11° un angle A, le rayon du cercle circonscrit et $\frac{b}{c} = 2$;

12° un côté a, la médiane correspondante et $\frac{b}{c} = K$

13° un angle A, la hauteur h_b et la médiane m_c;

14° un côté c, la hauteur h_a et le pied de la médiane m_a;

15° un côté, la médiane correspondante et l'angle des deux autres médianes;

16° la hauteur h_a, la bissectrice α et la somme $b + c = l$;

17° a, A et $h_b + h_c = l$;

18° un côté, l'angle opposé et le produit m^2 des autres côtés;

19° un côté, la hauteur correspondante et le produit des deux autres côtés;

20° un côté, le rayon du cercle circonscrit et le produit des deux autres côtés ou la somme de leurs carrés;

21° un côté, la médiane correspondante et la différence K^2 des carrés des deux autres côtés;

22° les trois angles et la surface m^2;

23° un côté, la surface m^2 et le rapport des deux autres côtés;

24° le rapport de deux côtés, l'angle compris et la surface;

25° un côté, le pied de la bissectrice correspondante et la surface;

26° la médiane issue de A, la différence des angles

qu'elle fait avec les côtés AB, AC et le produit $bc = m^2$.

27° deux hauteurs et le carré du côté équivalent au triangle.

— Construire un triangle semblable à un triangle donné et dont la surface est donnée.

— Trouver le lieu du point M tel que MB + MD = MA + MC, A, B, C, D étant les sommets d'un rectangle.

— Lieu des centres des circonférences tangentes à deux cercles donnés ou à une droite et à un cercle donnés.

— Lieu géométrique des points dont les puissances par rapport à deux circonférences soient égales et de signe contraire.

— Lieu des centres des circonférences qui coupent deux circonférences données suivant des diamètres.

— Lieu des points tels que les perpendiculaires abaissées de l'un de ces points sur trois droites fixes, aient leurs pieds en ligne droite.

— Lieu des points tels que la somme des carrés de leurs distances aux 4 sommets d'un parallélogramme soit égale à m^2.

— On considère un trapèze ABCD et un point O tel que AOC soit équivalent à DOB. On demande le lieu géométrique de O.

— On donne deux segments de droites AB et CD. Lieu de M :

1° Si $$\frac{\overline{MA}^2 + \overline{MB}^2}{\overline{MC}^2 + \overline{MD}^2} = \frac{m}{n}$$

2° Si $\overline{MH}^2 + \overline{MB}^2 + \overline{MC}^2 + \overline{MD}^2 = K^2$.

— On donne une droite fixe AB. Lieu de M si dans le triangle AMB on a $h_m = p_m$.

— Dans un triangle, on mène la médiane AM et on prend son milieu I ; on joint BI. Comment cette droite divise-t-elle AC ?

— Deux points A et B étant donnés à l'intérieur d'un angle. Trouver le chemin le plus court pour aller de A en B en touchant les deux côtés de l'angle.

— On donne deux points A et B et une droite XY. Trouver sur XY un point M tel que AMX = BMY.

— On prend sur les perpendiculaires extérieures aux côtés d'un triangle rectangle, BB′ et CC′ des longueurs égales à AC et AB. Démontrer que la hauteur AH passe par l'intersection des droites BC′ et CB′.

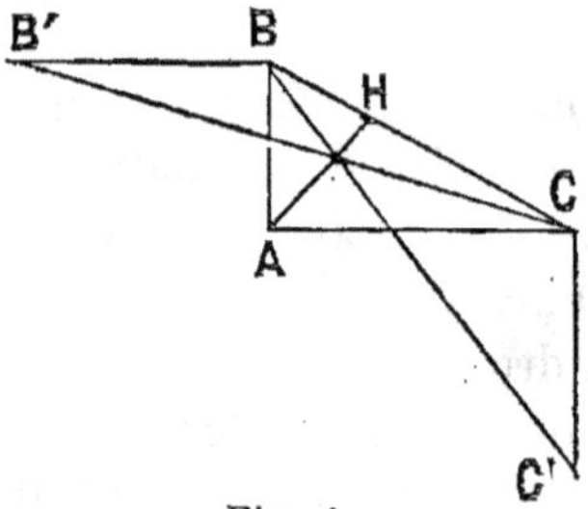

Fig. 1.

— On donne une droite XY et deux points A et B situés du même côté. Trouver sur XY un point M tel que MA = 3MB.

— Etant donné un triangle, trouver sur un côté, un point équidistant du 2e côté et du pied de la hauteur abaissée sur le 3e côté.

— Etant donné un angle XOY. Lieu géométrique des points tels que le rapport de leurs distances à OX et OY soit constant.

— Même question pour la somme des distances.

— Les triangles rectangles dont les côtés sont en progression arithmétique de même raison sont-ils semblables ?

— Mener une parallèle DE à la base d'un triangle telle que : 1° $DE = BD + EC$; 2° $DE = EC - BD$ 3° $\overline{DE}^2 = AH' \times HH'$ (AH étant la hauteur qui coupe DE en H').

— On donne deux parallèles et deux points fixes A et B sur l'une d'elles ; trouver sur l'autre un point M tel que

$$MA \times MB = m^2.$$

— On donne sur une droite quatre points ABCD. Lieu géométrique des points d'où l'on voit AB et CD sous le même angle.

— Si dans un triangle on mène les hauteurs BB' CC', le triangle ACC' est-il semblable à ABC ?

— On donne deux droites et un point P ; trouver sur l'une d'elles un point M tel que PM soit égale à deux fois la distance de M à la seconde droite.

— On donne un point P et une droite XY ; on mène une sécante PA et on prend sur cette droite un point M tel que $\frac{MP}{PA} = K$. Lieu géométrique du point M quand A décrit XY.

— Mener par un point P à l'intérieur d'un angle XOY une sécante PAB telle que :

1° $OA = OB$; 2° $\frac{OB}{OA} = K$; 3° $\frac{PA}{PB} = K$; 4° AOB ait une surface constante.

— Si a, b, c sont les côtés d'un triangle rectangle il en est de même de $b+c$, h et $a+h$.

— On projette le pied de la hauteur H d'un triangle rectangle sur les côtés en P et Q. Démontrer que $\frac{PB}{QC}=\frac{c^3}{b^3}$

— Dans un rectangle ABCD, on considère le pied M de la perpendiculaire DM sur la diagonale et ses projections P et Q sur deux côtés consécutifs. Démontrer que l'on a (fig. 2).

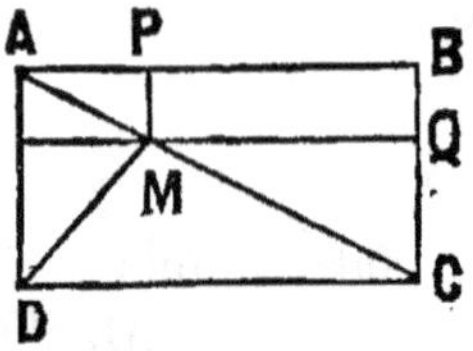

Fig. 2.

$$\frac{MQ}{MP}=\frac{a^3}{b^3}\ (AB=a,\ AD=b)$$

— Etant donné un triangle ABC, trouver le lieu des points M tel que

$$1^0\ \overline{MA}^2=\overline{MB}^2+\overline{MC}^2$$

$$2^0\ a^2\times\overline{MA}^2=b^2\times\overline{MB}^2+c^2\times\overline{MC}^2$$

— Trouver sur la base BC d'un triangle un point M tel que $\overline{AM}^2=BM\times CM$.

— Etant donnés la base a d'un triangle et la bissectrice correspondante α, trouver le lieu du sommet A.

— Etant données deux parallèles et leur perpendiculaire commune, construire un triangle équilatéral dont les sommets soient sur ces trois droites.

— Construire les lignes :

$$x=\frac{a}{2-\sqrt{5}}\ ;\quad x=\sqrt{a^2+b^2+c^2}\ ;\quad x=a\sqrt{5}$$

$$x = \frac{(a - a') hh'}{ah' - a'h} \quad ; \quad x = \sqrt{\frac{a^4 + b^4}{a^2 + b^2}} \quad ; \quad x = \frac{a^3 + b^3}{a^2 + b^2}$$

$$x = \sqrt{\frac{a^3}{b} + \frac{b^3}{a}} \; ; \; x = a\left(\frac{m}{n}\right)^3 + b\left(\frac{m}{n}\right)^2 + c\left(\frac{m}{n}\right)$$

$$x = \frac{a^2 b}{c} \quad ; \quad x = a\frac{m^2}{n^2} \quad ; \quad x = \sqrt{a^2 \pm \sqrt{b^4 + c^4}}$$

— Construire les racines de l'équation

$$x^4 - a^2 x^2 + b^4 = o$$

— Construire x et y telles que

$$x - y = m + \frac{n^2}{p} \text{ et } xy = \frac{n^4}{p^2}$$

— Démontrer que dans un trapèze de diagonales α, β de bases a, b et de côtés c et d, on a

$$\frac{\alpha^2 - \beta^2}{c^2 - d^2} = \frac{a + b}{a - b}$$

— On donne une circonférence et un point P extérieur. Trouver un point M tel que MP = MA (Fig. 3).

— Trouver P′ tel que

1° $\frac{PB}{PP'} = K.$

2° $\frac{P'A}{P'B} = K;$

3° $PP' \times PA = m^2$

4° $\frac{PP'}{PA} = K.$

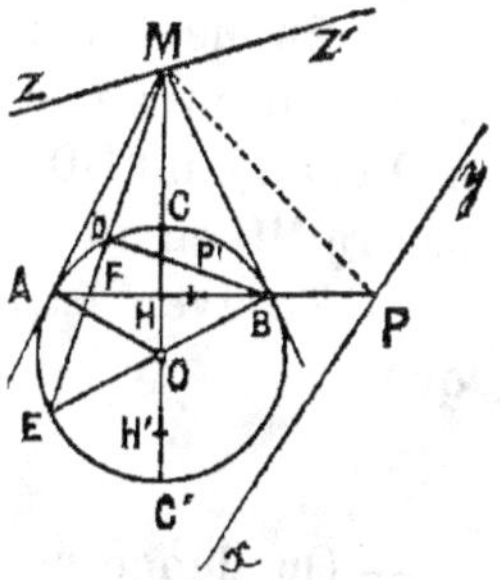

Fig. 3.

Lieu géométrique du point P′ quand la sécante PAB tourne autour du point P.

— Mener la sécante PAB telle que (fig. 3)

1° $\frac{PB}{PA}=\frac{p}{q}$. Construire PB et PA.

2° $PB = AB$

3° $\overline{PB}^2 = PA \times AB$

4° $\overline{AB}^2 = PA \times PB$

5° $PA = 2\ PB$

6° $\frac{\text{arc } AC'B}{\text{arc } ACB} = \frac{m}{n}$

— Le point A étant fixe, on demande de trouver le lieu géométrique du point P tel que $AB \times AP = m^2$

— On construit sur PB un triangle équilatéral PNB. Lieu du point N quand la sécante tourne autour du point A.

— On mène par un point donné M une sécante MDE, on prend le symétrique B de E par rapport à O et on joint BD. Démontrer que cette droite rencontre MO en un point fixe.

— Trouver le lieu géométrique du point M tel que

$$MC = MP.$$

— On donne une circonférence O, le diamètre CC′ et deux points fixes H et H′ sur ce diamètre. Trouver un point A sur la circonférence tel que HA et H′A fassent des angles égaux avec le tangente AM.

— Etant donnés une circonférence, un point intérieur P′ et une sécante variable passant par ce point. On construit sur AB un triangle équilatéral ALB. Lieu géométrique du point L.

— Décrire d'un point donné O comme centre une circonférence qui intercepte sur une droite PA, un segment tel que $PB \times PA = m^2$, P étant fixe.

— Par un point fixe M on mène une sécante variable MDE, puis une circonférence passant par D, O, E ; elle rencontre le diamètre MO en un point K. Démontrer que ce point K est fixe.

— Une sécante variable tourne autour du point P′ et de ce point on abaisse les perpendiculaires P′Q, P′S sur les tangentes en A et B. Démontrer que l'on a

$$\frac{1}{P'Q} + \frac{1}{P'S} = \text{Cte}$$

— Trouver sur une droite donnée ZZ′ un point M tel que MA = MP, P étant fixe.

— Etant donnés la sécante PA et la circonférence variable passant par A et B. On mène CC′ perpendiculaire sur AB et on joint PC qui rencontre la circonférence en un point X dont on demande le lieu géométrique.

— Si d'un point de l'arc ACB on abaisse des perpendiculaires sur AB et sur les tangentes AM et BM, la première est moyenne proportionnelle entre les deux autres.

— On donne sur une droite le point P′. Décrire d'un point donné O comme contre une circonférence telle que $P'A \times P'B = m^2$.

— On donne une circonférence et une droite XY ; Trouver un point M tel que $\frac{\overline{MA}^2}{MP} = m$; MP étant la distance de M à la droite XY (v. fig. 3).

— Si on considère deux tangentes fixes AM et BM à une circonférence et une tangente variable en un point de l'arc ACB, le triangle formé a un périmètre constant. (V. fig. 3).

— Par un point P intérieur à un cercle on mène deux cordes rectangulaires AB et CD. Démontrer qu'on a

1° $$\overline{PA}^2 + \overline{PB}^2 + \overline{PC}^2 + \overline{PD}^2 = \text{Cte}$$

2° Le quadrilatère formé par les tangentes en A, B, C, D. est inscriptible.

— On donne une circonférence et deux points A et B extérieurs. Trouver sur la circonférence un point M tel que $\overline{MA}^2 - \overline{MB}^2 = m^2$.

— Etant donné un point P extérieur à un cercle, trouver sur la circonférence un point M, tel que si on mène la parallèle MN à PO, on ait

$$\frac{PM}{MN} = \frac{p}{q}$$

— On donne un cercle O et une droite Δ. Mener une corde AB parallèle à Δ telle que si on abaisse de A et B les perpendiculaires sur Δ on obtienne un carré.

— On connaît dans un cercle les longueurs de deux cordes parallèles et leur distance, calculer le rayon du cercle.

— Si on mène une parallèle B'C' à la base BC d'un triangle les circonférences qui ont pour diamètre BC' et CB' ont pour axe radical une droite fixe, quand B'C' se déplace.

— On donne deux circonférences sécantes en A. Mener par ce point A une sécante MAN telle que :

$$1^o\ AM = AN = l\ ;\ 2^o\ \frac{MA}{NA} = K\ ;\ 3^o\ AM \times AN = m^2$$

— Deux circonférences étant extérieures :

1° Leur mener une sécante telle que les parties interceptées aient des longueurs données.

2° Mener deux rayons parallèles OA, O'A' tels que P étant fixe on ait PA = PA'.

3° Mener des tangentes parallèles AT, A'T' et trouver le lieu du milieu de la droite AA'.

4° Lieu géométrique des points M, tels que si on mène de ce point les tangentes MB. MB, on ait

$$m \times \overline{MB}^2 + n \times \overline{MB'}^2 = p^2.$$

— On donne un cercle O et un point A à l'extérieur, mener par A une transversale qui soit divisée par A et le cercle : 1° dans un rapport donné ; — 2° en moyenne et extrême raison.

— On donne deux circonférences tangentes extérieurement en A et la tangente commune extérieure TT'. Démontrer que : 1° TAT' = 90° ; 2° TT' est divisée en deux parties égales par la tangente commune en A.

— On donne un cercle et deux points A et B. Faire passer par ces points une circonférence telle que la corde commune avec la première soit égale à son rayon.

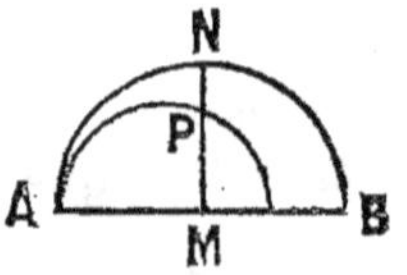

Fig. 4.

— On donne deux demi-circonférences tangentes intérieurement. Trouver sur la ligne des centres un point M tel que $\overline{MP}^2 + \overline{NP}^2$ soit maximum.

— Soit H le point de concours des hauteurs d'un triangle ABC ; en le joignant aux sommets on a trois triangles. Démontrer que les cercles circonscrits à ces trois triangles sont égaux au cercle circonscrit au triangle ABC.

— Etant donné un triangle ABC ; on considère le cercle passant par B et C et tangent à AB, puis le cercle passant par B et C et tangent à AC, etc. Démontrer que le produit des rayons des ces 6 cercles est égal à R^6 (R étant le rayon du cercle circonscrit).

— Etant donnés un triangle équilatéral, un point du cercle circonscrit et un diamètre quelconque, la perpendiculaire abaissée d'un des sommets du triangle sur le diamètre est égale à la somme des deux autres.

— On considère un triangle rectangle et les deux triangles que détermine la hauteur. Démontrer que les rayons des cercles inscrits dans ces trois triangles sont les trois côtés d'un triangle rectangle.

— Inscrire un carré dans un segment de cercle donné.

— On donne un carré et le cercle circonscrit. Démontrer que le produit des distances d'un point du cercle à deux côtés parallèles est égal au produit des distances du même point aux deux autres côtés.

— Mener par un point donné P dans le plan d'un cercle, une sécante PAB telle que sa distance au centre soit égale à sa partie extérieure.

— Etant donnés les quatre points A, B, C, D conjugués harmoniques ; on décrit sur AB comme diamètre une circonférence à laquelle on mène une tangente quelconque ; on élève en A, B, C, D des perpendiculaires AA′, BB′, CC′, DD′, au diamètre. Démontrer que $\frac{OC'}{OD'} = C^{te}$.

— On donne une circonférence, deux cordes AB, CD et un point fixe I sur CD. Trouver sur la circonférence un point M tel que si MA et MB coupent CD en P et Q on ait $\frac{IP}{IQ} = K$.

— Trouver à l'intérieur d'un triangle un point M tel que le produit de ses distances aux trois côtés soit maximum.

— Mener une parallèle à la base d'un triangle de telle façon que :

1° Les deux surfaces obtenues soient dans le rapport $\frac{m}{n}$;

2° Les surfaces obtenues soient équivalentes ;

3° Le triangle soit partagé en moyenne et extrême raison.

— Démontrer que la surface d'un triangle est égale à $\frac{(p-a)(p-b)(p-c)}{R}$

— Trouver la surface d'un triangle en fonction. 1° des trois hauteurs ; 2° des trois médianes.

— La surface d'un triangle rectangle est égale au produit des segments déterminés sur l'hypoténuse par le point de contact du cercle inscrit.

— Trouver à l'intérieur d'un triangle un point O tel que si le joint aux trois sommets, les surfaces des triangles obtenus soient proportionnelles à trois nombres donnés m, n, p. Cas particulier : $m = n = p = 1$.

— Mener dans un triangle ABC une droite AD telle que les surfaces des triangles obtenus soient proportionnelles à deux nombres donnés m et n.

— Par un point donné de la base d'un triangle, mener une droite qui le partage en deux parties équivalentes.

— Trouver sur les côtés d'un triangle deux points M et N tel que surf. AMN $= \frac{\text{surf ABC}}{5}$

— Construire un triangle isocèle équivalent à un triangle donné et ayant même angle au sommet.

— Prendre sur les côtés AB et AC d'un triangle des longueurs égales AD et AE telles que le triangle ADE soit équivalent au triangle ABC.

— Construire un carré équivalent à un triangle donné.

— On donne deux points A et B. Trouver le lieu des points M tels que $\frac{\overline{MA}^2 + \overline{MB}^2}{\text{surf. MAB}} = K$.

— Trouver le lieu des points O situés à l'intérieur d'un trapèze et tels que les triangles de sommet O et ayant pour bases les deux côtés non parallèles soient équivalents.

— Etant donné un trapèze de bases AB et CD. De quelle longueur DE doit-on prolonger la grande base pour que, en joignant AE, on ait

$$\text{DEM} = 5 \text{ AMB} ?$$

— Démontrer les relations

$$S = pr = \rho_a (p - a) = \rho_b (p - b) = \rho_c (p - c)$$
$$= \sqrt{r \rho_a \rho_b \rho_c}$$

ρ_a, ρ_b, ρ_c étant les rayons des cercles ex-inscrits dans le triangle.

— Mener dans un rectangle une sécante AEF telle que ADE + CEF $= m^2$.

— On prolonge les côtés d'un hexagone régulier de côté a dans le même sens et d'une même longueur ma. Démontrer que le rapport de la surface du polygone obtenu à celle de l'hexagone donné est égal à $m^2 + m + 1$.

— Lunules d'Hippocrate. Evaluer leur surface.

GÉOMÉTRIE DANS L'ESPACE

— On donne deux points fixes A et B. Lieu des points M de l'espace tels que $\overline{MA}^2 + \overline{MB}^2 = m^2$.

— Une droite AB de longueur constante se déplace de façon à ce que ses extrémités décrivent deux droites données de l'espace XX', YY'. On demande le lieu géométrique du milieu M de cette droite.

— On donne un plan et une droite indéfinie XY, coupant le plan en A. Quelle condition doit remplir un angle α pour que l'on puisse mener par A une droite située dans le plan P et faisant un angle α avec XY ?

— Lieu des points tels que le rapport de leurs distances à deux points donnés de l'espace soit égal à K.

— On donne quatre points A, B, C, D non en ligne droite. Lieu des points M tels que

$$\overline{MA}^2 + \overline{MB}^2 + \overline{MC}^2 + \overline{MD}^2 = m^2.$$

— On coupe un trièdre trirectangle par un plan ABC et on projette son sommet O en P sur ce plan. Démontrer que P est le point de concours des hauteurs du triangle ABC et que le carré de la face ABC est égal à la somme des carrés des autres faces.

— On donne trois droites Δ, Δ' et Δ'' et un point M sur Δ. Mener par M une droite rencontrant Δ' et orthogonale à Δ'.

— On donne deux droites Δ, Δ' et un point M.

Mener par M une droite telle que ses plus courtes distances à Δ et Δ' soient d et d'.

— On donne un plan P et un point extérieur A. Par ce point on mène une droite coupant le plan en B et on prend M sur AB tel que $AB \times AM = K^2$. Lieu de M quand la droite AB tourne autour de A.

— Dans un tétraèdre les droites qui joignent les milieux des arêtes opposées sont concourantes. A quelle condition doivent satisfaire les arêtes pour que les trois droites précédentes forment un trièdre trirectangle ?

— On considère une droite DE parallèle au côté BC de la base ABC d'une pyramide SABC. On demande d'étudier les variations de la surface du triangle SDE quand DE se déplace.

Lieu du pied H de la hauteur SH du triangle SDE.

— Si dans un tétraèdre, deux couples d'arêtes opposées sont orthogonales, les autres le sont aussi.

— Trouver à l'intérieur d'un tétraèdre un point tel qu'en le joignant aux quatre sommets on partage le tétraèdre en quatre tétraèdres équivalents.

— On donne un rectangle ABCD. On fait tourner le triangle ACB d'un angle α autour de BC et on joint le nouveau sommet A' à B, C et D. On demande le volume du tétraèdre A'BCD (Fig. 5).

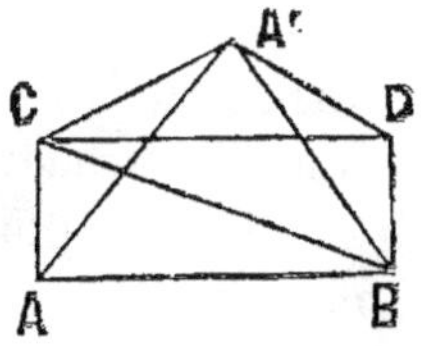

Fig. 5

— Trouver la relation entre la somme des carrés des six arêtes d'un tétraèdre et la somme des carrés des droites qui joignent les milieux des arêtes opposées.

— On coupe une pyramide SABC par un plan A′ B′ C′ parallèle à la base à une hauteur $\frac{h}{n}$ et on construit sur la section un prisme dont les arêtes sont parallèles à SA et dont l'autre base est sur ABC. On demande d'évaluer son volume, et on demande de trouver la valeur du rapport de la partie restante entre ABC et B′C′ au volume de ce prisme quand n devient très grand.

— Couper une pyramide par un plan parallèle à la base de façon que le volume de la petite pyramide soit égal au $\frac{1}{7}$ du volume de la grande.

— Mener un plan parallèle à la base d'une pyramide tel que le volume de la petite pyramide qu'il détermine soit la septième partie du volume du tronc.

— Etant donnée la base d'un tétraèdre ABC et sachant que les trois autres arêtes sont proportionnelles à des nombres donnés, trouver le lieu du sommet S.

— On donne un triangle ABC. Trouver un point S de l'espace tel que le trièdre SABC soit trirectangle. Volume du tétraèdre SABC en fonction des côtés de ABC.

— Par un point M de l'arête SA d'un tétraèdre on mène un plan MBC perpendiculaire à cette arête. Trouver la surface du triangle MBC.

— On donne une sphère O et on joint un point M de la sphère à un point A de l'espace. On prend sur

AM un point P tel que 1° $\frac{AP}{MA} = \frac{p}{q}$; 2° $AP.AM = m^2$

Trouver le lieu du point P dans les deux cas.

— On donne un plan P et deux points A et B situés du même côté de ce plan. Combien de sphères tangentes au plan et passant par A et B ? Lieu des contacts sur P ?

— On donne trois points hors d'un plan P. Faire passer par ces trois points une sphère tangente au plan P où à une droite donnée D.

— Couper une sphère par un plan tel que l'une des calottes ainsi déterminées ait une surface double de celle du cercle de section.

— On donne une sphère, un diamètre AB et une corde AM variable. Lieu d'un point M′ sur la corde tel que $AM \times AM' = m^2$.

— Calculer le volume d'une sphère connaissant la surface et la hauteur d'une zone de cette sphère.

— Lieu des points de l'espace d'où l'on peut mener à deux sphères deux cônes circonscrits de même angle.

— On donne une sphère et une droite. Lieu des centres des cercles déterminés dans la sphère par les différents plans passant par la droite.

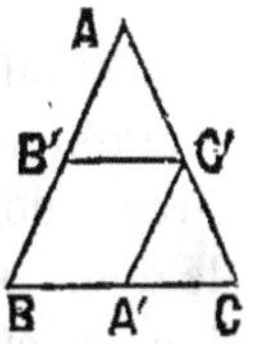

Fig. 6

— On donne un triangle équilatéral ; mener une parallèle B′C′ à l'un des côtés de façon que l'on ait $\frac{V(BB'C'A')}{V(ABC)} = \frac{1}{2}$ en tournant autour de AC.

— Démontrer que la surface latérale du tronc de cône a pour mesure le produit de la hauteur par la circonférence dont le rayon est égal à la perpendiculaire élevée au milieu de l'apothème et limitée à la hauteur.

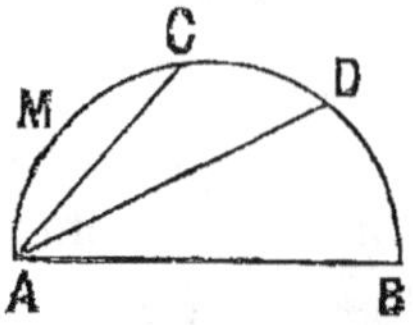

Fig. 7

— Dans une demi-circonférence de diamètre AB, mener deux cordes AC et AD tels que les volumes engendrés par AMC, ACD et ADB soient égaux en tournant autour de AB (fig. 7).

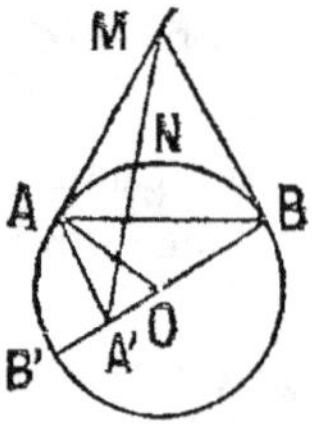

Fig. 8.

— On donne un cercle, deux tangentes MA, MB et le diamètre BOB. On mène la perpendiculaire AA′ sur ce diamètre et on demande de démontrer que si la figure tourne autour de BB′, on a :

$$V(MBA') = V(MANB).$$

Sections coniques.

—Montrer que pour décrire une circonférence passant par deux points donnés et tangente à une circonférence donnée on est ramené à trouver l'intersection de deux paraboles ayant pour directrices la droite donnée et pour foyers les deux points donnés.

— Trouver le lieu du foyer d'une parabole connaissant trois de ses tangentes.

— Trouver le lieu des foyers des sections paraboliques d'un cône parallèlement à un même plan tangent.

— Lieu des foyers de toutes les sections paraboliques du cône de révolution.

— Lieu des foyers des paraboles passant par un point et tangentes à deux droites.

— Construire une parabole connaissant :

1° Son foyer et deux tangentes.

2° Un de ses points et trois tangentes.

3° Le foyer un point de la courbe et un point de la directrice.

4° Le sommet, une tangente et le point de contact.

5° La directrice et deux tangentes.

— Construire une ellipse connaissant :

1° Le foyer F, le sommet voisin A et une tangente.

2° Le foyer F, le sommet B du petit axe et une tangente.

3° le centre, le grand axe et une tangente.

4° Deux tangentes, un des points de contact et un foyer.

5° Un foyer, une tangente et le sommet B du petit axe.

6° Les foyers et une tangente.

ALGÈBRE

Calcul algébrique.

— Montrer que $x^3 + px + q = o$ est vérifiée pour

$$x = \sqrt[3]{-\frac{q}{2} + \sqrt{\frac{q^2}{4} + \frac{p^3}{27}}} + \sqrt[3]{-\frac{q}{2} - \sqrt{\frac{q^2}{4} + \frac{p^3}{27}}}$$

— Décomposer en fractions simples les fractions

$$\frac{x-1}{3x^2 - 7x + 1}\ ; \quad \frac{1}{x(x+1)}\ ; \quad \frac{6x^2 - 25x + 23}{(x-1)(x-2)(x-3)}.$$

— Trouver p et q pour que $x^4 + 1$ soit divisible par $x^2 + px + q$.

— Trouver p et q pour que $x^4 + px + q$ soit divisible par $x^2 + px + q$.

— Même question pour que $x^3 - 2x^2 + px + q$ soit divisible par $x^2 - 3x - 1$.

— Condition pour que $x^4 + px^3 + qx^2 + rx + t$ soit divisible par $x^2 - a^2$ ou par $(x-a)^2$.

— Le polynôme $nx^{n+1} - (n+1)x^n + 1$ est-il divisible par $(x-1)^2$?

— Démontrer que
$(a+b+c)^4 - (a+c)^4 - (a+b)^4 - (b+c)^4 + a^4 + b^4 + c^4$ est divisible par $a+b+c$.

— Si $x^m - a^m$ est divisible par $x^2 - ax + a^2$, il l'est aussi par $(x-a)^3$.

— P (x) étant divisible par $(x - a)^{\alpha}$, $(x - b)^{\beta}$.. il est divisible par leur produit.

— Ayant effectué les divisions d'un polynôme A par $x - a$ et par $x - b$. On a :

$$A = (x - a)\,\varphi + R$$
$$A = (x - b)\,\varphi' + R'$$

Déduire de φ, φ', R, R' le quotient de A par

$$(x - a)\,(x - b)$$

et le reste de la division.

— Décomposer $Ax^2 + 2Bxy + Cy^2 + 2\,Dx + 2Ey + F$ en un produit de facteurs du premier degré.

— Trouver sans faire la division le reste de F (x) par $x^2 + px + q$.

— Trouver la vraie valeur de :

$$y = \frac{2}{x^2 - 1} - \frac{1}{x^2 - 1} \qquad \text{pour } x = 1$$

$$y = \frac{\sqrt{x+1} - \sqrt[3]{x^2 + x + 1}}{x} \qquad \text{pour } x = 0$$

$$y = x - \sqrt[3]{x^3 + 4x + 1} \qquad \text{pour } x = \infty$$

$$y = \frac{\sqrt[3]{x^2 - ax} + \sqrt[2]{x^2 - a^2}}{\sqrt[3]{x^2 - a^2} + x^3 - ax^2} \qquad \text{pour } x = a$$

$$y = \frac{\sqrt[m]{x^p} - \sqrt[m]{a^p}}{\sqrt[m']{x^{p'}} - \sqrt[m']{a^{p'}}} \qquad \text{pour } x = a$$

$$y = \frac{(a+x)^m - a^m}{x} \quad \text{pour } x = o$$

$$y = \frac{\sqrt{x^2+x+1} - \sqrt{3}}{\sqrt{x+1} - \sqrt{2}} \quad \text{pour } x = 1.$$

-- Rendre rationnels les dénominateurs de :

$$y = \frac{1}{\sqrt{2} + \sqrt{3} - \sqrt{5}}$$

$$y = \frac{1}{\sqrt[3]{5} - \sqrt[3]{4}}$$

$$y = \frac{1}{\sqrt[3]{\alpha^2} - \sqrt{\alpha}}$$

— Conditions pour que l'on ait :

$$z = \sqrt[4]{a + \sqrt{b}} = \sqrt{x} + \sqrt{y}$$

Applications $a = 7$, $b = 48$; $a = 49$, $b = 2400$; $a = 14$, $b = 192$.

Equations et problèmes du premier degré.

— Résoudre :

$$\begin{cases} \dfrac{x-a}{b+c} = \dfrac{y-b}{c+a} = \dfrac{z-c}{a+b} \\ mx + ny + pz = \mathrm{K}. \end{cases}$$

$$\begin{cases} ax^3 = by^3 = cz^3. \\ \dfrac{1}{x} + \dfrac{1}{y} + \dfrac{1}{z} = \dfrac{1}{m} \end{cases}$$

$$\begin{cases} yz = a(y+z) \\ xz = b(x+z) \\ xy = c(x+y) \end{cases}$$

$$\begin{cases} x(y+z) = \alpha \\ y(z+x) = \beta \\ z(x+y) = \gamma \end{cases}$$

— Condition pour que le système

$$ax + by = c$$
$$a^2x + b^2y = c^2$$
$$a^3x + b^3y = c^3$$

soit vérifié par un seul système de solutions.

— Trouver les relations entre a, b, c, pour que

$$\begin{cases} ax + by = c \\ a'x + b'y = c' \end{cases} \quad \begin{cases} bx + cy = a \\ b'x + c'y = a' \end{cases}$$

aient les même solutions.

— Démontrer que si

$$a^3 + pa + q = 0$$
$$b^3 + pb + q = 0$$
$$c^3 + pc + q = 0$$

on a $$a + b + c = 0$$

— On souscrit 3 billets, de A fr. payable à n jours, de B fr. payable à n' jours, de C fr. payable à n'' jours. On veut les remplacer par un billet de $(A + B + C)$ fr., calculer l'échéance.

— On donne deux triangles dont les bases sont en prolongement. Mener une parallèle aux bases de façon que les sections obtenues soient égales. Discuter.

Equations du second degré.

— On donne l'équation $x^2 + px + q = o$. Trouver une relation entre p et q pour que :

1° $3x' - 2x'' = 1$;

2° $x = mx'' + n$; $x' = 2x''$;

3° $x' = \frac{1}{x''}$;

4° $x'' = x' + \frac{1}{x'}$

5° $x' = x''^2$; application : $x^2 - \frac{15}{4}x + a^3 = o$;

6° $x' = \frac{1}{x''^2}$;

7° $x' = x''^3$;

8° $x'^2 + x''^2 = 3x' x''$;

9° $(1 - x'^2)(1 - x''^2) = 4x'x''$;

10° $x'^3 + x''^3 = 3x'x''(x' - x'')$;

11° $x'^3 + x''^3 = a^3$;

12° $\sqrt[3]{x'} + \sqrt[3]{x''} = a$.

— Trouver p et q pour que :

1° $x' = p$; $x'' = q$;

2° $x^2 - px - q$ ait pour racines $x' + 1$, $x'' + 1$;

3° $\frac{1}{x'} + \frac{1}{x''} = 2$ et $x'^2 + x''^2 = 16$.

— Trouver λ pour que dans l'équation

$$x^2 + (4\lambda - 2)\,x + 3\lambda^2 + 5 = 0$$

on ait $x' = 2x''$

— x' et x'' étant racines de $x^2 + px + q = o$ calculer

$$\frac{x' + a}{x' + b} + \frac{x'' + a}{x'' + b}$$

— Démontrer que l'on a

$$x'^n \pm x''^n + p\,(x'^{n-1} \pm x''^{n-1}) + q\,(x'^{n-2} \pm x''^{n-2}) = o$$

— Etant donnée l'équation $x^2 + px + q = o$ de racines x', x'', trouver l'équation du 2e degré qui ait pour racines ;

1° $x' + 2x''$, $x'' + 2x'$;

2° $x' \pm \frac{1}{x'}$, $x'' \pm \frac{1}{x''}$;

3° x'^2 , x''^2 ;

4° $x'^2 + x''^2$, $x'^3 + x''^3$;

5° $\frac{x'}{x''}$ et $\frac{x''}{x'}$;

— Condition pour que l'équation aux inverses des racines et l'équation aux carrés des racines soient identiques.

— On donne $x^4 + px^2 + q = o$; relation entre p et q pour que les quatre racines soient en progression arithmétique.

— Former une équation du 4e degré ayant pour racines, la somme, la somme des carrés, celle des cubes et celle des 4e puissances des racines de

$$x^4 + px^2 + q = o.$$

— p, q, p', q' désignent des nombres entiers ; trouver la condition pour que

$$x^2 + (p + p'\sqrt{2})\,x + q + q'\sqrt{2} = o$$

ait une racine commensurable.

— Trouver la relation entre p, q, p', q' pour que les équations $x^4 + px^2 + q = o$, $x^2 + p'x + q' = o$ aient une racine commune.

— Condition pour que $9x^2 - 2\lambda x + 21 = o$, et $6x^2 - 2\mu x + 14 = o$ aient une racine commune.

— Condition pour que la fraction $\frac{ax^2 + bx + c}{a'x^2 + b'x + c}$, soit indépendante de x.

— On donne les équations $ax^2 + bx + c = o$, $a'x^2 + b'x + c' = o$. Condition pour que une racine de la première soit triple d'une racine de la deuxième.

— x' et x'' étant racines de $ax^2 + bx + c = o$, démontrer que $\frac{2ax + b}{ax^2 + bx + c} = \frac{1}{x - x'} + \frac{1}{x - x''}$

— Quelle doit être la valeur de λ pour que les racines de $ax^2 + bx + c + \lambda(x^2 + x + 1) = o$ soient égales et de signe contraire ?

— Résoudre l'équation $ax^2 + bx + c = o$ en groupant soit le 2e et le 3e termes, soit le 1er et le 3e termes, pour former le commencement du développement d'un carré.

— Dans quel cas l'équation

$$x^2 + (a + b\sqrt{-1})\, x + c + d\sqrt{-1} = o$$

admet-elle une racine réelle ?

— Etant données $ax^2 + b\,x + c = o$ et $a'x^2 + b'x + c' = o$, a et a' étant $> o$ que dire de l'équation

$$(a + a')\, x^2 + (b + b')\, x + c + c' = o\ ?$$

— Si $b^2 - 4ac < o$, et $b'^2 - 4a'c' < o$ démontrer que l'équation :

$$(b^2 - 4ac)\, x^2 - 2\,(2ac' + 2ca' - bb')\, x + b'^2 - 4a'c' = o$$

a toujours ses racines réelles.

— On donne l'équation

$$x^2 - px - q = o\ ;$$

Démontrer que

$$x^n = \frac{x'^n - x''^n}{x' - x''}\, x + q\, \frac{x'^{n-1} - x''^{n-1}}{x' - x''}$$

quelque soit n.

— Entre les coefficients de l'équation du second degré on a la relation

$$(\alpha + 1)^2\, ac = \alpha b^2$$

démontrer que $\dfrac{x''}{x'} = \alpha$.

— On considère un polynôme $f\,(x)$ que l'on divise par $x^2 + px + q$. Montrer que si $f(x') = f\,(x'')$, x' et x'' étant racines de $x^2 + px + q = o$, le reste se réduit à une constante.

— Démontrer que les équations

$$(x - a)\,(x - b) + (x - b)\,(x - c) + (x - c)\,(x - a) = o$$

$$\frac{x}{x-a^2}+\frac{x}{x-b^2}=K^2$$

$$\frac{a^2}{x-a}+\frac{b^2}{x-b}+c=0$$

$$(x-a)^2-(1+k)^2(x-b)(x-c)=0$$

ont leurs racines réelles et distinctes quels que soient a, b, c.

— Démontrer que l'équation

$$x^2+px+q+(x+\alpha)(2x+p)=0$$

a ses racines réelles, quel que soit α si $p^2-4q>0$.

— Résoudre les équations

$$\frac{1}{a}+\frac{1}{b}+\frac{1}{x}=\frac{1}{a+b+x}$$

$$\frac{x}{x-b}+\frac{x-b}{x}=\lambda.$$

$$(x^2+x+\alpha)^2+(x^2+x+\beta)^2=\lambda$$

$$\frac{1}{x+1}+\frac{1}{x-1}+\frac{1}{x+2}+\frac{1}{x-2}=0$$

$$(x^2-a^2)(x^2-b^2)=\lambda^4$$

$$(x-1)(x-2)(x-3)+6=0$$

$$(x^2-7x)^2-13(x^2-7x+13)+270=0$$

$$(x^3-7x+3)^2-9=0$$

$$\sqrt{x\pm a}+\sqrt{x\pm b}=\sqrt{a+b}$$

$$\frac{\sqrt{a+x}+\sqrt{a-x}}{\sqrt{a+x}-\sqrt{a-x}}=\frac{b}{c};$$

$$\sqrt{a^2+x}\pm\sqrt{b^2+x}=a+b$$

$$\frac{x}{a}+\frac{b}{x}+\frac{b^2}{x^2}=1+\frac{b}{a}+\frac{b^2}{a^2}$$

$$\sqrt{ax+b}+\sqrt{a'x+b'}=c$$

$$2x^2+3x-3+\sqrt{2x^2+3x+9}=30$$

$$x^{10}-242\,x^5-243=0$$

— Résoudre et discuter les équations :

$$(a^2-b^2)\,x^2-(a+b)\,(a^2+b^2)\,x+ab\,(a+b)^2=0$$

$$(a+b)\,x^2-(a^2+b^2)\,x+a^3+b^3=0$$

$$\sqrt{a^2+x\sqrt{b^2+x^2}}=\frac{b^2}{4a}$$

$$(\lambda+1)\,x^2-4\lambda x+2\lambda+3=0\ ;\quad x>1$$

$$(\lambda+1)\,x^2-4\lambda x+\lambda-1=0\ ;\quad x'<3<x''$$

$(\lambda^2-\lambda-2)\,x^2+2\,(\lambda-1)\,x+2=0$; (une racine comprise entre -1 et $+1$)

$$\frac{(x+a)^3+(bx+c)^3}{(x+a)^3-(bx+c)^3}=\frac{(x+a)+(bx+c)}{(x+a)-(bx+c)}$$

$$(a+2b)\,x^2-4abx+(a-b)\,b^2=0$$

$$(o<x<3b \text{ et } a \text{ et } b>o)$$

$$x+2\sqrt{x\,(2R-x)}=\lambda\ ;\quad (o<x<2R)$$

$$(3\lambda+1)\,x^2-(4\lambda+1)\,x+12\,\lambda=0\ ;\quad (x>2)$$

— Démontrer que

$$A^2\,(x-a)+B^2\,(x-b)+C^2\,(x-a)\,(x-b)=0$$

a ses racines réelles. Conditions pour quelles soient égales.

— Discuter

$$\lambda x^4+2x^2+\lambda-1=0$$

$$b^2\sin^2\alpha\,x^4-(a^2b^2+\lambda^4)\sin^2\alpha\,x^2+a^2\lambda^4=0\ ;\quad (x>a)$$

$$16x^4+(27\sin^4\theta-36\sin^2\theta+8)\,x^2+\cos^2\theta=0$$

$$(4x^2 + 3)^2 - 4\lambda^2 (x^2 + 1)(x^2 + 2) = 0$$

$$(\lambda - 2) x^4 - (\lambda - 1)(a^2 + b^2) x^2 + \lambda a^2 b^2 = 0$$

$$(\lambda + 1) x^4 - 2\lambda x^3 + (\lambda + 2) x^2 - 2\lambda x + \lambda + 1 = 0$$

$$\left| \begin{array}{l} x^2 + y^2 - x - y = 0 \\ x - 2y = \lambda \end{array} \right.$$

$$\lambda x^4 + \lambda x^3 + (\lambda + 5) x^2 + \lambda (x + 1) = 0$$

$$x^4 + 2x^3 + \lambda x^2 + 2x + 1 = 0$$

Inégalités du second degré.

— Résoudre les inégalités :

1° $b^2x^2 + (b^2 + c^2 - a^2) x + c^2 > 0$;

2° $(a + b + c)^2 - 6(ab + ac + bc) < 0$;

a, b, c étant les côtés d'un triangle.

$$a^4 + b^4 + c^4 - 2a^2b^2 - 2b^2c^2 - 2a^2c^2 < 0$$

$$a^2 + b^2 + c^2 - bc - ac - ab > 0$$

$$(a^2 + b^2)^2 > 4ab(a - b)^2$$

$$(b + c) bc + (a + c) ac + (a + b) ab > 6abc$$

$$a^2 - (b + c) a + b^2 + bc + c^2 > 0.$$

$$\frac{x^2 + px + q}{(x - a)(x - b)} > 0$$

$$\frac{x^2 - 5x + 1}{x^2 - 2x + 4} > 0$$

$$\frac{\sqrt{3x - 2\lambda}}{x + \lambda} > \frac{\sqrt{3x - \lambda}}{x + 5}$$

$$\frac{5x-2}{x-3} > 2$$

$$\frac{x}{m} + \frac{m}{x-1} > 1$$

$$\frac{(x+1)(x-1)^3(x-10)}{x(x+3)^5(x-1)^2(x-11)} < 0$$

$$\frac{2x^4 - 5a^2x^3 - 3a^4}{x^4 - 5a^2x^2 + 6a^4} - 1 < \frac{x^2 - a^2}{x^2 - 3a^2} - \frac{x^2 - 5a^2}{x^2 - 2a^2}$$

$$9x^4 - 37x^2 + 4 < 0.$$

— Trouver λ pour que l'inégalité

$$(\lambda - 2)x^2 + 2(\lambda - 3)x + 5\lambda - 6 > 0$$

soit vérifiée quel que soit x.

— Discuter

$$(m^2 + 2m + 1)x^2 - 2p(m^2 + 1)x + p^2(m^2 - 2m + 1) > 0,$$

m variant de $-\infty$ à $+\infty$.

Systèmes d'équations réductibles au second degré.

— Résoudre $\begin{cases} (x+a)^2 + (y-a)^2 = m^2 \\ xy = p^2. \end{cases}$

— $\begin{cases} xy(x+y) = a \\ \frac{1}{x^3} + \frac{1}{y^3} + \frac{1}{b} \end{cases}$

— $\begin{cases} Ax^2 + Bxy + Cy^2 = D \\ A'x^2 + B'xy + C'y^2 = D'. \end{cases}$

— $x^2 = y \quad ; \quad y = x^2.$

— Résoudre $\begin{cases} xy + (x + y) = a \\ x^2 + y^2 - (x + y) = b. \end{cases}$

— $\begin{cases} xy\,(x + y) = 30 \\ x^3 + y^3 = 35. \end{cases}$

— $\begin{cases} x\sqrt{xy} + y\sqrt{xy} = 10 \\ x^2 + y^2 = 17. \end{cases}$

— $\begin{cases} x + y + z = 11 \\ x^2 + y^2 + z^2 = 49 \\ yz = 3x\,(z - y). \end{cases}$

— $\begin{cases} x^3y + y^3x = 290 \\ x^2 + y^2 = 29 \end{cases}$

— $\begin{cases} \dfrac{x}{y} + \dfrac{y}{x} = \dfrac{2\,(a^2 + b^2)}{a^2 - b^2} \\ x - y = 2b. \end{cases}$

— $\begin{cases} y^{\frac{4}{3}} = x^{\frac{\sqrt{x} + \sqrt[4]{y}}{2}} \\ x^{\frac{1}{3}} = y^{\frac{\sqrt[4]{x} + \sqrt[4]{y}}{2}} \end{cases}$

—

— $\begin{cases} x - y = 3xy \\ x + y = 7xy. \end{cases}$

— $\begin{cases} (x + y) = xy \\ x + y = x^2 + y^2. \end{cases}$

— $\begin{cases} x + y + z = 13 \\ x^2 + y^2 + z^2 = 91 \\ y^2 = xz. \end{cases}$

— $\begin{cases} x^2 + y^2 = a\,(x + y) \\ x^3 + y^3 = 3axy. \end{cases}$

— Résoudre $\begin{cases} xy = x^2 - y^2 \\ x^2 + y^2 = x^3 - y^3. \end{cases}$

— $\begin{cases} x + y = a \\ \dfrac{x^3 + y^3}{x^2 + y^2} = b. \end{cases}$

— $\begin{cases} x^3 + y^3 + axy = b^3 \\ x + y = c. \end{cases}$

— $\begin{cases} x + y + z = a \\ y = mx \\ xy + xz + yz = b^2. \end{cases}$

— $\begin{cases} \dfrac{x}{y} - \dfrac{y}{x} = \dfrac{x + y}{x^2 + y^2} \\ \dfrac{x^2}{y^2} - \dfrac{y^2}{x^2} = \dfrac{x - y}{y^2} \end{cases}$

— $\begin{cases} x + y + z = a \\ x^2 + y^2 + z^2 = a^2 \\ x^3 + y^3 + z^3 = a^3. \end{cases}$

— Résoudre $mx^{m+n} - (m + n)\, x^n + n = 0.$

— Former et résoudre l'équation du 4e degré de racines α', α'', $-\dfrac{1}{\alpha'}$ $-\dfrac{1}{\alpha''}$.

— Eliminer x, y, z, u entre les équations :

$$\begin{cases} x + y = m \\ x + y + z + u = a \\ xy + yz + zu + ux + uy + xz = b \\ xyz + yzu + zux + uxy = c \\ xyzu = d \end{cases}$$

— Résoudre $\begin{cases} x + y + z = 2a \\ x^2 + y^2 = z^2 \\ m^2z^2 + x^2y^2 = \lambda^4. \end{cases}$

Discuter par rapport à λ.

Problèmes du 2e degré.

— Trouver sur une demi-circonférence de diamètre AB un point M tel que :

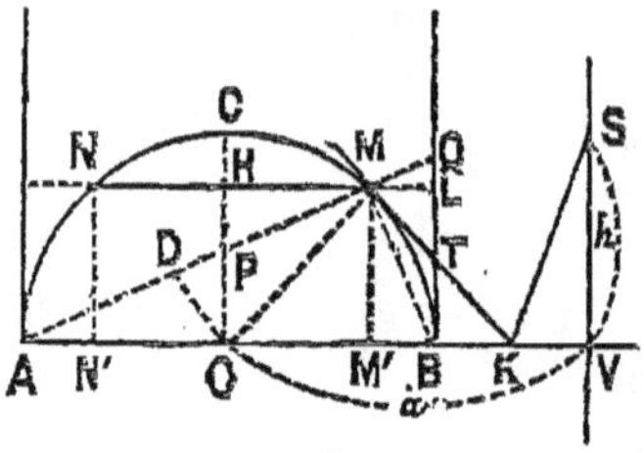

Fig. 9.

1° $MK = MA$;
2° $MB + ML = l$;
3° $MM' + MC = l$;
4° $MB + 2MC = l$;
5° $AM + kMB = 3R$;
6° $AM' + 2MM' = l$;
7° $2AM' + MM' = l$;
8° $AM + BM' = l$;
9° $MN' = l$; 10° $MM' + ML = l$;
11° $2AM + 3BM = l$; 12° $2MM' + OM' = l$;
13° $AP = PM$; 14° $MP = PC \times \sqrt{2}$;
15° $OP = AP$; 16° $\overline{MK}^2 + \overline{MN}^2 = m^2$;
17° $\overline{AM}^2 = m. BM'$; 18° $\overline{AM}^2 + \overline{OD}^2 = m^2$;
19° $\overline{AM}^2 + \overline{AQ}^2 = m^2$; 20° $\overline{AM}^2 + \overline{BQ}^2 = m^2$;
21° $\overline{AN}^2 + \overline{MN}^2 + \overline{MB}^2 = m^2$; 22° $\overline{AP}^2 + \overline{PM}^2 = m^2$;
23° surf $N'NMM' = m^2$; 24° $AN + NM + MB + AB = 2p$.

— Calculer MK en fonction du rayon R et de OK.

— Si OV $= a$, et si on prend sur la perpendiculaire en V, la longueur VS $= h$, trouver K de façon que KS $=$ KM.

— Inscrire un carré dans le demi-segment M'MB.

— On donne une demi-circonférence de diamètre AB et deux tangentes aux points A et B. On a sur le diamètre AB un point P tel que OP $= a$:

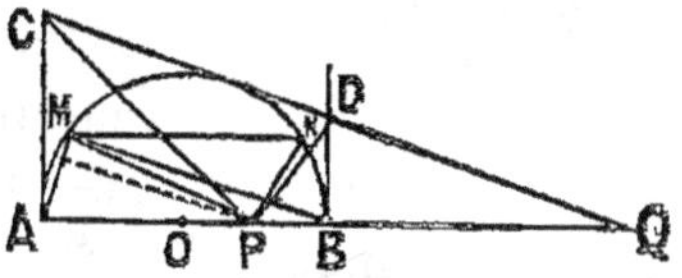

Fig. 10.

1° Mener une tangente CD telle que α) surf PCD $= m^2$; β) ACDB $= m^2$;

2° Mener une parallèle MN à AB telle que

α) l'angle MPN $= 90°$

β) $\overline{MP}^2 + \overline{NP}^2 = m^2$

γ) AM $+$ BN $= l$

δ) PM $\times$ PN $= m^2$;

3° Trouver le point M tel que le rectangle dont les sommets sont P et M et les côtés parallèles à MA et MB, ait un périmètre donné ;

4° Trouver un point Q sur AB tel que en menant la tangente QDC, on ait DCB $= \frac{1}{4}$ ABCD.

— On donne deux circonférences extérieures O et O'. Trouver sur OO' un point M tel que si l'on mène les tangentes MA et MA', les triangles MOA et MO'A' soient équivalents.

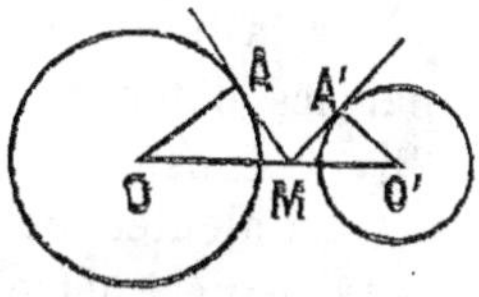

Fig. 11.

— On donne deux circonférences de rayons R et R',

intérieures. Trouver OO′ tel que la somme des cordes perpendiculaires à OO′ et tangentes à la circonférence O′ soit égale à une longueur l.

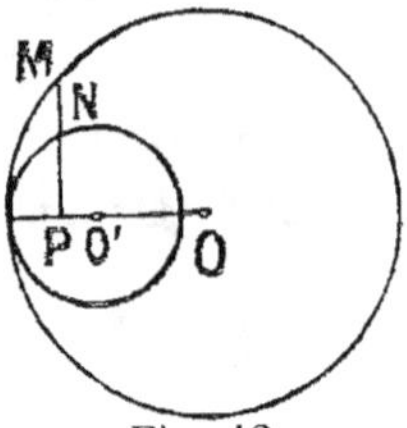

Fig. 12.

— On donne deux cercles tangents intérieurement. Trouver sur la ligne des centres un point P tel que $\overline{MP}^2 + \overline{NP}^2 = m^2$.

— Calculer les côtés d'un triangle rectangle connaissant :

1° les différences $b - c = l$ et $a - h = l'$;

2° la somme $a + b = l$ et la hauteur h :

3° la hauteur h et la bissectrice β de l'angle B ;

4° la hauteur h et la médiane m issue de B ;

5° la bissectrice α issue de A et les segments qu'elle détermine sur l'hypoténuse ;

6° le côté b et la somme des carrés des segments déterminés sur l'hypoténuse par la hauteur ;

7° la hauteur h et le rayon r du cercle inscrit ;

8° la somme $b + c = l$ et la surface m^2 ;

9° la bissectrice α de l'angle A et la surface m^2 ;

10° la surface m^2 et le volume qu'il engendre en tournant autour de l'hypoténuse, πn^3.

11° la hauteur h et la somme des aires engendrées par les côtés de l'angle droit tournant autour de l'hypoténuse.

— Calculer les côtés d'un triangle connaissant :

1° le périmètre $2p$, le produit $bc = m^2$ et sachant que les médianes issues de B et de C sont rectangulaires ;

2° les côtés b et c et le produit des segments que détermine la hauteur sur le 3e côté.

— Calculer la longueur des côtés égaux dans un triangle isocèle connaissant :

1° la base et la bissectrice d'un angle à la base ;

2° la médiane et la hauteur issues d'un angle à la base.

3° le périmètre et la somme de la base et de la hauteur.

— Trouver sur l'hypoténuse d'un triangle rectangle un point D tel que :

1° $2\overline{DE}^2 + BD \times DC = m^2$;

2° $\overline{CD}^2 + \overline{BD}^2 = \lambda$. AFDE ;

3° $BDF + DEC = \lambda bh$;

4° $DAE = m^2$

5° $\overline{DA}^2 + \overline{DC}^2 = m^2$;

6° $\overline{CD}^2 + \overline{BD}^2 + \overline{DE}^2 + \overline{DF}^2 = m^2$.

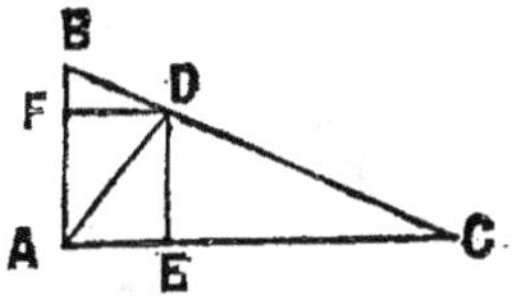

Fig. 13.

— Mener une parallèle DE à la base d'un triangle, telle que :

1° le trapèze obtenu ait un périmètre donné $2p$;

2° $BD = AE$; 3° $DH = l$;

4° la figure DEHF soit un rectangle de surface donnée m^2.

5° la figure DEHF soit un carré ;

démontrer qu'on a trois solutions x, y, z et qu'on a la relation :

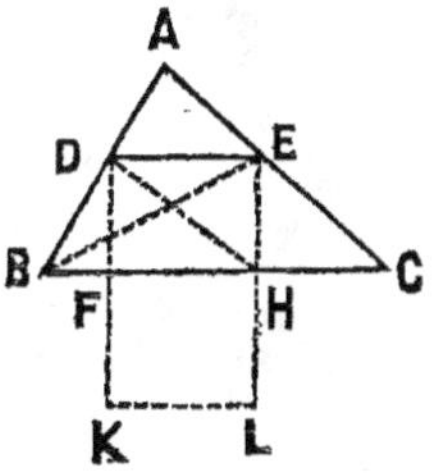

Fig. 14.

$$\frac{1}{x}+\frac{1}{y}+\frac{1}{z}=\frac{1}{a}+\frac{1}{b}+\frac{1}{c}+\frac{1}{r}$$

6° surf BDE $= m^2$;

7° DKLE $= m^2$; FHLK étant un carré ;

8° $\overline{BD}^2 + \overline{DE}^2 + \overline{EC}^2 = m^2$ si le triangle est isocèle ou équilatéral.

— Trouver sur la base d'un triangle un point M tel que :

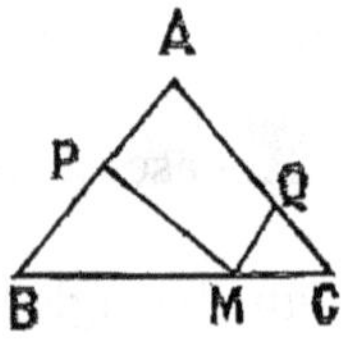

Fig. 15.

1° $\overline{MA}^2 + \overline{MB}^2 + \overline{MC}^2 = m^2$;

2° $\overline{AM}^2 + BM.CM = m^2$;

3° $MP + MQ = l$ (MP et MQ sont les perpendiculaires sur AB et AC).

— On prend sur les côtés d'un triangle des longueurs égales et dans le même sens de telle façon que les droites joignant les sommets aux points obtenus soient concourantes. Montrer que l'équation donnant cette longueur a une seule racine réelle.

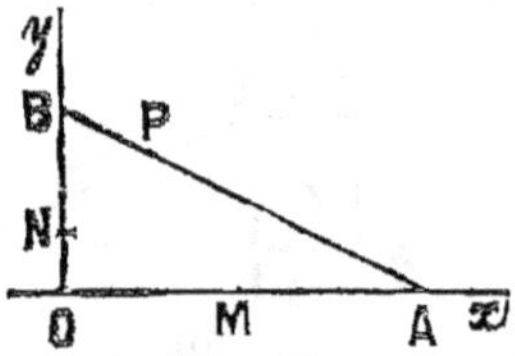

Fig. 16.

— On donne un angle droit XOY et un point P :

Mener par le point P une droite AB telle que :

1° $$\frac{1}{OB} + \frac{1}{OA} = \frac{1}{m}$$

2° $$AOB = m^2.$$

— AB étant donnée, trouver sur *ox* et *oy* deux points M et N tels que

$$AM \times BM = m^2.$$

— A et M étant donnés, trouver un point B tel que

$$BM + BA = l.$$

— Trouver sur la hauteur d'un triangle insocèle un point M tel que : 1° $AM = MB + MC$.

2° $\overline{AM}^2 + \overline{BM}^2 + \overline{CM}^2$ soit minimum

— P étant un point de la base d'un triangle équilatéral, mener une parallèle DE à cette base, telle que

1° $\widehat{DPE} = 90°$;

2° $PE = DE$;

3° $\overline{PE}^2 + \overline{PD}^2 + \overline{DE}^2 = m^2$

(P est le milieu de BC).

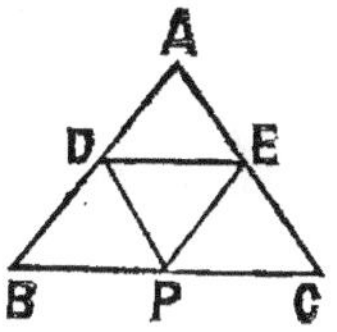

Fig 17.

— On donne deux parallèles et deux points A et B fixes sur l'une d'elles. Trouver un point M tel que

1° $MA + MB = l$;

2° $MA = 2MB$.

— Placer entre deux parallèles un angle droit APB sommet donné P, de façon que $AB = l$.

— On donne un rectangle ABCD. Mener par le sommet D une droite telle que ;

1° $CMD + BMN = m^2$;

2° $\overline{DM}^2 + \overline{BM}^2\ m^2$;

3° $DMC = AMD$;

4° $AMD = \theta$;

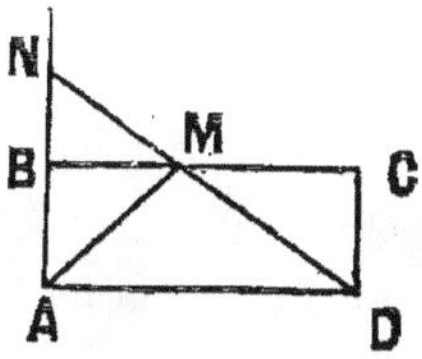

Fig. 18.

— Sur les 4 côtés d'un carré on construit des triangles isocèles égaux. Connaissant la surface totale m^2 du polygone ainsi formé en joignant les sommets, et son périmètre $2p$, on demande de calculer le côté du carré.

— On donne un trapèze :

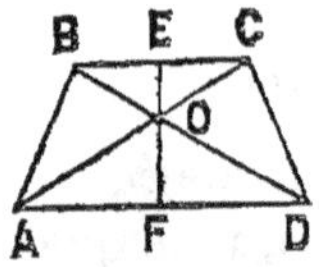

Fig. 19.

1° Trouver sur la droite joignant les milieux des côtés parallèles. un point O tel que

$$AOB + BOC = m^2 ;$$

2° Prendre un point sur chaque base de façon que la droite qui les joint partage le trapèze en deux parties équivalentes.

— On donne un demi-cercle AB et un quadrilatère inscrit ABCD tel que CD = R. Calculer les autres côtés connaissant R et la surface m^2 du quadrilatère.

— On considère le quadrilatère inscriptible et circonscriptible formé par un triangle rectangle et son symétrique par rapport à l'hypoténuse. Evaluer le rayon du cercle inscrit dans ce quadrilatère.

Déterminer les éléments d'un prisme droit dont la base est un triangle équilatéral et dont on donne la surface totale et la longueur des arêtes latérales.

— On a un tétraèdre SABC. Trouver sur SA un point M tel que le rapport des volumes des tétraèdres MABC et SMBC soit égal à m.

— On donne un rectangle dont on connaît la diagonale $2d$ et on considère la pyramide ayant ce rectangle pour base et dont le sommet S se projette au centre de la base. Calculer les côtés de ce rectangle connaissant la surface latérale de la pyramide.

— On élève aux extrémités du diamètre AB d'une

circonférence deux perpendiculaires AC, BD à son plan, de longueurs a et b. Trouver sur le cercle un point M tel que : 1° la somme des carrés de ses distances aux extrémités des perpendiculaires soit égale à m^2;

2° le plan perpendiculaire au diamètre AB, mené par M et coupant AB en I et CO en P détermine la droite PM égale à l.

Comment appelle-t-on la surface engendrée par PM s'appuyant sur une droite, un cercle et restant parallèle à un plan donné ?

— Etant données une circonférence et une tangente mener un diamètre AB tel que la surface engendrée par AB en tournant autour de la tângente soit égale à K fois la surface du cercle.

— Inscrire dans une sphère un cylindre tel qu'en le prolongeant d'une longueur égale à son rayon, on obtienne un cylindre de surface totale donnée.

— Inscrire dans une sphère de rayon R

1° un cylindre de surface totale donnée πa^2 ;

2° un cylindre dont le volume soit égal à la somme des segments détachés par les bases ;

3° Un cylindre tel que le rapport de sa surface totale à celle de la sphère soit égal à m ;

— Circonscrire à une sphère de rayon R, un cône de surface totale donnée. — Application : surface totale $= \pi R m$.

— On donne une sphère fixe O. Trouver un point P extérieur tel que :

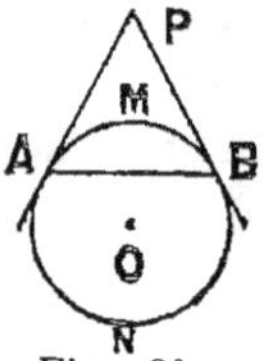

Fig. 20.

1° la surface latérale du cône circonscrit PAB soit égale aux $\frac{3}{2}$ de la surface de la calotte sphérique AMB ;

2° la surface latérale du cône soit égale à celle de la sphère ;

3° la surface latérale du cône plus la surface de la calotte ANB soit égale à πm^2 ;

4° le rapport de la calotte AMB à la surface de la sphère soit égal à $\frac{p}{q}$.

— Calculer les rayons de base d'un tronc de cône connaissant sa hauteur h et sachant que :

1° la surface latérale est égale à la somme des bases ; ou

2° le volume du tronc est égale à $8\pi h^3$;

— Calculer les rayons de deux cylindres connaissant la somme $2\pi a^2$ de leurs surfaces latérales et la somme πb^3 de leurs volumes.

— Couper une sphère par un plan de manière que si on considère le cône qui a pour base la section et pour sommet le centre :

1° La surface latérale du cône soit égale à K fois celle de la calotte sphérique interceptée ;

2° Le volume du cône soit égal au volume du segment sphérique détaché.

— Etant données deux sphères, trouver sur la ligne des centres un point tel que les deux calottes vues de ce point soient équivalentes.

— On donne une sphère fixe O et une sphère variable O′ ayant son centre sur la première. Déterminer son rayon de façon que le volume détaché par O sur O′ soit maximum.

— On considère un hémisphère AB et un cône SAB inscrit. Mener un plan MNPQ parallèle à la base de façon que le volume du cône OMN soit égal à m fois le volume du cône SPQ.

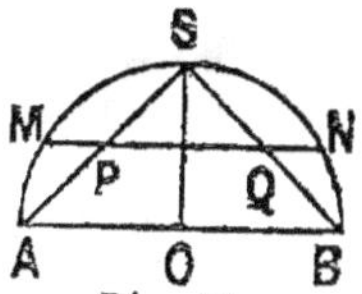

Fig. 21.

— On donne un cône de hauteur h et de rayon R. Couper ce cône par un plan passant par le sommet et tel que la section obtenue soit un triangle de surface donnée m^2.

— Trouver la hauteur et la base d'un triangle isocèle connaissant le rayon r du cercle inscrit et le volume engendré par ce triangle en tournant autour de sa hauteur.

— Calculer les côtés b et c d'un triangle connaissant le périmètre $2p$, l'angle A et la somme $2\pi m^3 \sin^2 A$ des volumes engendrés par ce triangle tournant autour des côtés b et c.

— Un rectangle dont la diagonale est verticale tourne autour d'un axe horizontal passant par l'une des extrémités de cette diagonale. Calculer, par le théorème de Guldin, le volume engendré.

— Trouver sur l'hypoténuse d'un triangle rectangle un point D tel que :

1° $S_e(CD) + S_e(DE) = m^2$;

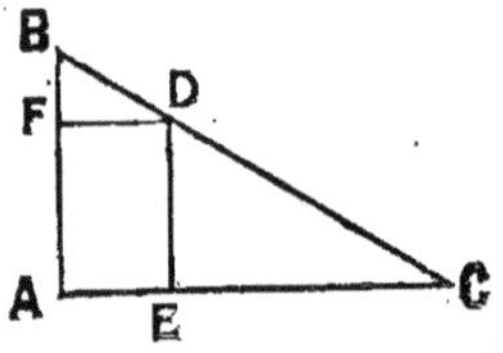

Fig. 22.

2° S_e (DE) + S_e (DF) = m^2.

— Partager le volume d'un tronc de cône en moyenne et extrême raison par un plan parallèle aux bases.

— Dans un triangle isocèle inscrire un pentagone équilatéral.

— Trouver sur une demi-circonférence de diamètre AB, un point M tel que ; si l'on fait tourner la figure autour de AB on ait :

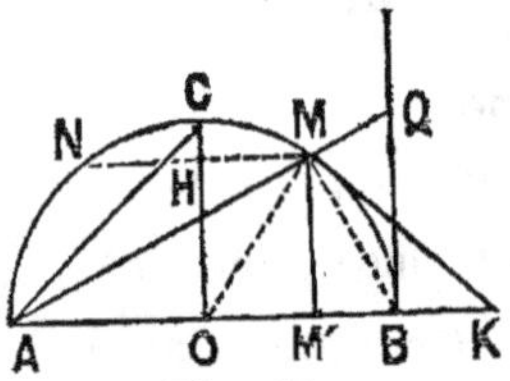

Fig. 23.

1° $$\frac{S_e\ (MK)}{S_e\ (MN)} = K;$$

2° $$\frac{S_e\ (ANM)}{S_e\ (MN)} = K;$$

3° $$S_e BM) + S_e\ (OM) = m^2;$$

4° $$\frac{S_e\ (BQ)}{S_e\ (ANM} = K$$

5° $$S_e\ (ANM) + 2S_e(MM') = m^2;$$

6° $$\frac{S_e\ (ANM) + S_e\ (OM)}{S_e\ (AMM')} = K;$$

7° V (ANM) = V (MM'B) ;

8° V (MOM') = V (segm MB) ;

9° V (BMQ) = V (ANM) ;

10° S_e (arc AN) + $4\pi\,\overline{MN}^2 = mR$:

— Mener la parallèle MN à AB telle que si la figure tourne autour de OC, on ait :

1° $S_e(MN) + 2\pi.\overline{MH}^2 = 2mR$;

2° $S_e(MC) + S'_e(MM') = 2\pi m^2$;

3° $S'_e(\text{arc BM}) + S_e(HM) = \pi m^2$;

4° $(V(OHMM') = \frac{1}{2} V(\text{segm ANC})$;

5° $V(\text{segm CM}) + V(\text{segm MBM}') = \pi a^3$;

Variations de fonctions.

— Etudier les variations des fonctions suivantes :

$y = x^2 + 1$

$y = acx^2 - (ad - bc)x - bd$ (a, b, c, d étant positifs)

$y = (b - 2c)x^2 + bcx$ (b et c étant positifs)

$y = x(a - x)(b - x)$; $y = x^3$;

$y = \frac{1}{x-1} + \frac{1}{x-2} + \frac{1}{x-3}$

$y^2 = \frac{b^2(x^2-1)^2 + 4a^2x^2}{(x^2+1)^2}$

$y = (x - 1)(x - 2)^3$; $y = \frac{5}{x}$;

$y = a^x$; $y = \log x$

$y = x^3 - 5x^2 + 2x - 1$; $y = \frac{1}{x^2}$;

$y = x \pm \sqrt{-x}$; $y = \frac{x}{x+1}$

$$y = \frac{2x^4 - (a^2 + b^2)\,x^2}{(x^2 - a^2)\,(x^2 - b^2)}\,; \qquad y = x - \frac{1}{x}\,;$$

$$y = \frac{x}{1 - x^2}\,;$$

$$y = \sqrt{x^2 + 2x + 2}\,; \qquad y = \frac{x^3}{1 - x}\,;$$

$$y = (x + 3)^2\,(x - 2)^3\,;$$

$$y = \pm\sqrt{\frac{x^2 - 1}{x^2 - 4}}\,; \qquad y = \sqrt{x^4 - 13x^2 + 136}\,;$$

$$y = \sqrt{x^4 - 43x^2 + 225}\,;$$

$$y = \sqrt{x^2 - 1} + \frac{1}{x}\,; \qquad y = \pm\frac{\sqrt{x^2 - 5x + 6}}{\sqrt{x^2 + 4x + 5}}\,;$$

$$y = \sqrt{x^4 - 5x^2 + 4}\,; \qquad y = \frac{(x - 1)\,(x - 3)}{(x - 2)\,(x - 4)}\,;$$

$$y = \frac{(x - a)}{(x - b)^3}\,;$$

$$y = \sqrt{\frac{x^2 - 6x + 5}{(x + 1)^2}}\,; \qquad y = \frac{x^2 - 3x + 1}{2x + 1}\,;$$

$$y = \frac{x^2 - 3x + 1}{x^2 + 1}\,;$$

$$y = \sqrt{\frac{x - 1}{(x - 2)\,(x - 3)}}\,; \qquad y = \frac{\sqrt{(x - 1)\,(x - 3)}}{x + 2}\,;$$

$$y = \pm a\sqrt{\frac{x}{x - 2a}}\,; \qquad y = \sqrt{\frac{(x + 5)^3}{(x - 3)^2}}\,;$$

$$y = \frac{x^2 - 3 + \sqrt{3\,x^2 + 1}}{\sqrt{x - 1}}\,;$$

$$y = \frac{x^4 + x^2 + 1}{(x^2 + x + 1)^2} \qquad y = \frac{4x^4 - 20x^2 + 18}{x^4 - 5x^2 + 6}$$

$$y = \frac{x^4 + 12x^2 + 1}{x^4 - 4x^2 + 2} \qquad y = \frac{x^4 - x^2 + 1}{x^4 + x^2 + 1}$$

— On donne un demi cercle AB et une parallèle variable MN à AB. Etudier les variations de :

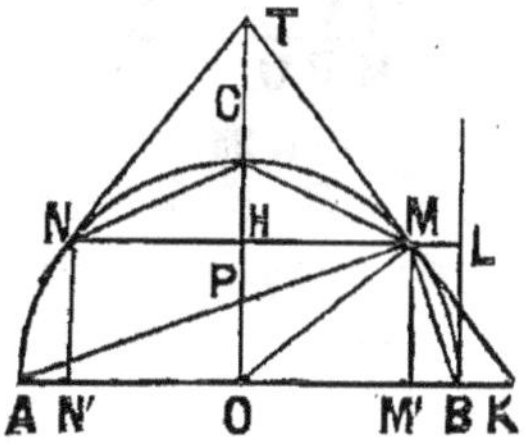

Fig. 24.

1° segm. NCM + BML ;
2° OPM ;
3° AM — AM' ;
4° BL + MN ;
5° AM' + m.MM' ;
6° rayon du cercle inscrit dans OMM' ;
7° angle KMM' ;
8° S_e (arc BM) + S_e (MH) en tournant autour de OC;
9° S_e (AM) + $4\pi\overline{AM'}^2$ tournant autour de AB ;
10° S_e (AMM') ; id.
11° S_e (AM) + S_e (BM) id.
12° $\dfrac{V\,(\text{seg. MM'B})}{V\,(\text{MM'B})}$ id.
13° Zone AM + S_e (AM) id.
14° S_e (arc AM) + S_e (MD) id.
15° V (N'NCMM') id.
16° S_e (N'NTMM') id.

— D'un point K mobile sur le diamètre AB on mène une tangente KMT et on projette A et B en A'B' sur cette droite. Variations de y = AA' × BB'.

— On donne une demi-circonférence AB sur laquelle on prend un point M variable :

Fig. 25.

1° P étant fixe sur AB étudier les variations de $y = V\,(AMM')$;

2° variations de $\overline{PM}^2$;

3° On prend le milieu V de l'arc MA; étudier les variations du quadrilatère. AVMB.

— On considère deux circonférences tangentes extérieurement.

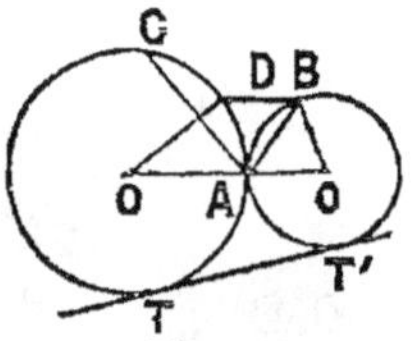

Fig. 26.

1° un angle droit tourne autour du point de contact A; on demande d'étudier les variations de $y = AB + AC$;

2° On mène la tangente commune TT′ et on inscrit entre les deux circonférences et la tangente un cercle dont on demande decalculer le rayon. Variations de ce rayon lorsque R et R′ varient, leur somme restant constante.

3° On mène un rayon variable OD et la parallèle DB à OO′. Variations du trapèze ODBO′ si $R = R'$;

4° Variations de la surface du triangle DAB.

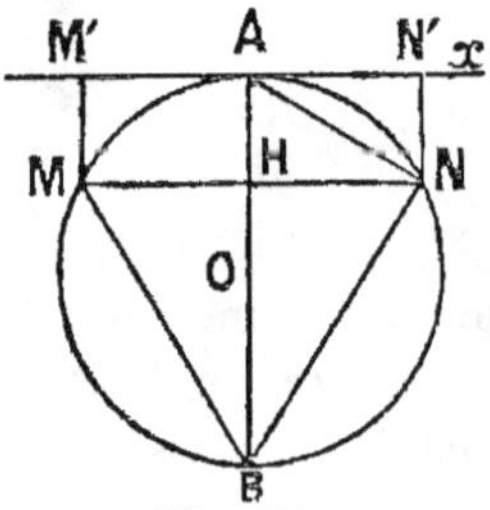

Fig. 27.

— On donne une circonférence un diamètre vertical AB et la tangente Ax. On considère une parallèle variable MN à Ax.

1° Variations du volume engendré par BMM′A ;

2° Variations de

$$y = \frac{V\,(BMH)}{V\,(\text{segm. } MAH)}$$

en tournant autour de AB ;

3° Variations du volume engendré par ANB en tournant autour de Ax.

— On donne un cône de hauteur h et une sphère de diamètre h reposant sur le même plan horizontal. On mène un plan sécant horizontal variable. Variations de la somme des sections ainsi déterminées dans les deux corps.

— Soit un tétraèdre SABC ; on le coupe par un plan A'B'C' parallèle à la base et on demande d'étudier : 1° les variations de la somme des deux tétraèdres SA'B'C' et A'ABC ; 2° celles du tétraèdre qui a pour base la section et pour sommet le pied de la hauteur.

— Dans un tétraèdre on joint les milieux M et N de deux arêtes opposées, et on considère un point P variable sur cette droite. Etudier les variations de la somme des carrés des distances de P aux 4 sommets.

— Variations de la surface du triangle isocèle de périmètre donné $2\,p$.

— Un triangle isocèle dont le sommet est fixe est inscrit dans un cercle de façon que sa base se déplace parallèlement à elle-même. Variations de la somme des hauteurs.

— Un triangle isocèle varie de façon que ses côtés égaux restent constants. Variations du rayon du cercle inscrit.

— On donne un point P sur la médiane AM d'un triangle. Variations de $y = \overline{AP}^2 + \overline{BP}^2 + \overline{CP}^2$.

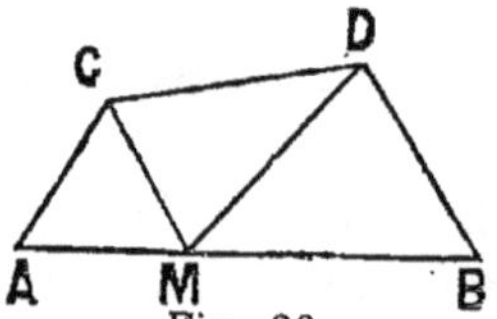

Fig. 28.

— On considère un point M variable sur AB et on construit un triangle équilatéral ACM sur AB et un triangle rectangle isocèle MDB sur BM.

Etudier les variations de la surface du quadrilatère ACDB.

— Etant donné un triangle rectangle ABC, on considère un point variable D sur l'hypoténuse. Etudier les variations de :

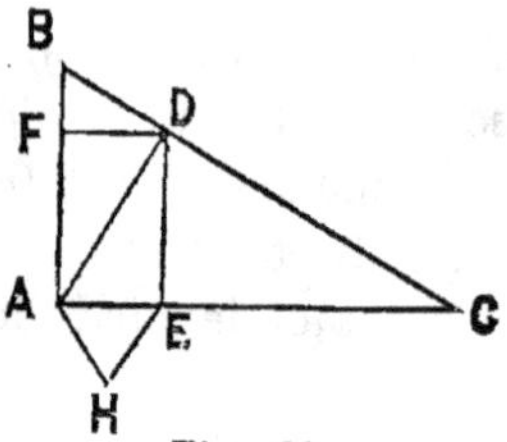

Fig. 29.

$y = \overline{BD}^2 + \overline{DE}^2$;

2° $y = \overline{AE}^2 + \overline{ED}^2$;

3° $y = \overline{DA}^2 + \overline{DB}^2 + \overline{DC}^2$;

4° $y =$ surf. FDEHA (AHE est équilatéral);

5° $y = S_e(DF) + S_e(DE)$ en tournant autour de AB;

6° $y = S_e(BD) + S_e(DE)$ en tournant autour de AB.

— On considère un angle XOY et deux points A et B sur OX. Un point M étant mobile sur OY, étudier les variations du rapport $\frac{MA}{MB}$.

— Un point M décrit la hauteur d'un triangle isocèle. On joint MB, MC qui rencontrent les côtés opposés en B' et C'. Variations de l'aire MB'C'.

— On considère une droite AB de longueur constante, glissant sur deux droites rectangulaires *ox* et *oy*. Variations de la surface latérale du cône engendré par AB en tournant autour de *oy*.

— Sur la base supérieure d'un rectangle de périmètre donné, on construit un triangle équilatéral. Variations de la surface du pentagone obtenu.

— Remplacer le triangle par un demi-cercle.

— Variations de la surface d'un rectangle inscrit dans un segment de cercle ou dans un secteur donnés Maximum.

— On donne un cercle et un point fixe. Variations de la somme des cordes perpendiculaires passant par ce point fixe.

— On donne une circonférence de diamètre AB et la tangente en B. Si on considère le point P variable sur cette tangente et la tangente PT, étudier les variations de :

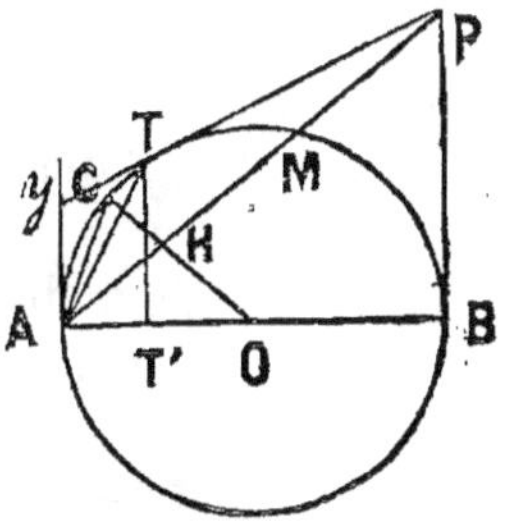

Fig. 30.

1° surf PTA $= y$;

2° $y =$ BT' ;

3° $y =$ AM + MP ;

4° $y =$ surf ACM. (OC est perpendiculaire sur PA)

— Etant donnés un demi-cercle de diamètre AB et les tangentes en A et B ; on considère la tangente variable DE et un point P fixe sur AB. Variations et maximum de l'angle DPE.

— Variations de la surface totale du cylindre inscrit dans une sphère.

— On coupe un cône par un plan parallèle à la

base et on inscrit une sphère dans le cône supérieur. Variations de la somme des volumes du tronc de cône et de la sphère.

— On donne sur une sphère deux petits cercles parallèles, l'un fixe, l'autre variable :

1° Variations du volume du segment compris entre ces deux cercles ;

2° Variations du rapport du volume du segment compris et du cône qui a pour base le cercle mobile et pour sommet le centre du cercle fixe.

— Exprimer la surface totale d'une pyramide régulière à base hexagonale de côté a en fonction de a et de l'angle φ du plan de base avec le plan d'une face ;

— Variations du volume des pyramides régulières à base hexagonale et de surface totale constante.

Maximum et Minimum.

— Pour quelles valeurs de λ la fonction $y = \frac{x - \lambda}{x^2 - 3x + 2}$ a-t-elle un maximum ou un minimum ?

— Trouver une relation entre a et a' pour que

$$y = \frac{x^2 + 2ax + 1}{x^2 + 2a'x + 1}$$

ait un maximum et un minimum égaux et de signes contraires.

— Trouver un trinôme du second degré sachant

qu'il s'annule pour $x = 8$ et que son maximum est 12 pour $x = 6$.

— Minimum de $Ax^3 + \frac{B}{x^3}$; généraliser pour

$$Ax^m + \frac{B}{x^n}$$

— Trouver une relation entre les coefficients pour que

$$y = \frac{ax^2 + bx + c}{a'x^2 + b'x + c'}$$

n'ait ni maximum ni minimum.

— On donne $y = x + \frac{1}{x + a}$; trouver a pour que la valeur de x qui rend cette fonction minimum soit double de celle qui la rend maximum.

— Trouver λ pour que $y = \frac{x^2 + \lambda x + 1}{x + \lambda}$ ait λ pour maximum ou minimum.

— Soit $x^2 + 2\lambda x - (\lambda + 3) = o$; trouver λ pour que $x'^2 + x''^2$ soit minimum.

— On donne $x + y = a$. Trouver le maximum de $m^2x^2 + n^2y^2$.

— Maximum de $(ax + b)^2 + (a'x + b')^2$.

— Maximum ou minimum de $\frac{x-1}{x^3}$; de $\frac{x-1}{x^4}$; de $x^3 (1 - x^4)$.

— Minimum de $x^\alpha + {}^\beta y - {}^\beta$ si $x - y = K$.

— Mener par un point P situé dans un angle droit une sécante telle que la longueur comprise soit minimum.

— Placer dans un cercle donné une corde AB telle

que la somme de cette corde et de sa distance au centre soit minimum.

— De tous les cylindres de même volume, quel est celui de surface totale minimum ?

— De tous les vases cylindriques ouverts de capacité donnée quel est celui de surface totale minimum ?

— Vase cylindrique ouvert de surface totale donnée et de capacité maximum ?

— Inscrire dans une sphère un prisme droit à base équilatérale ou carrée, de volume maximum.

— Déterminer les dimensions d'une pyramide à base carrée de surface latérale donnée, de manière que son volume soit maximum.

— Maximum ou minimum de

$$y = \sqrt{x} - \sqrt[3]{x^2} \quad ; \quad y = \sqrt{x} - \sqrt[3]{x}$$

$$y = \sqrt[n]{x^{n-1}} - \sqrt[n+1]{x^n}$$

$$x - ay \text{ lorsque l'on a } (x-y)^2 + 2xy + 1 = o.$$

— Parmi tous les triangles de même base et ayant même angle au sommet : 1° quel est celui de périmètre maximum ; 2° quel est celui de surface maximum ?

— Parmi tous les triangles de même base et de même hauteur quel est celui dont l'angle au sommet est maximum.

— Parmi tous les triangles dans lesquels A et S sont constants, quel est le minimum de $a^2 + b^2 + c^2$?

Progressions.

— Trouver une progression arithmétique telle que la somme des n premiers termes soit égale, quel que soit n :

1° à $5n^2$; 2° à $n(3n+1)$; 3° à n^2.

— Déterminer une progression arithmétique dans laquelle on connaît la somme des produits obtenus en multipliant chaque terme par le premier et la somme des produits obtenus en multipliant chaque terme par le dernier.

— Si a, b, c, d, sont quatre nombres en progression arithmétique, démontrer que $abcd + (b-c)^2$ est constant.

— Trouver 3 nombres en progression arithmétique connaissant la somme de leurs carrés et sachant que la somme de leurs cubes est égale à m fois le carré du nombre moyen.

— Inscrire un rectangle dans un triangle de façon que sa diagonale et ses deux côtés soient en progression arithmétique.

— Calculer les côtés d'un quadrilatère inscriptible sachant qu'ils sont en progression arithmétique et que les diagonales sont α et β.

— Si dans un triangle les côtés sont en progression arithmétique, la raison de la progression est égale au rayon du cercle inscrit dans le triangle.

— Si les nombres $\frac{1}{a+b}$ $\frac{1}{b+c}$ $\frac{1}{b+d}$ sont en progression arithmétique, il en est de même de a^2, b^2, c^2.

— Trouver une progression géométrique telle que la somme des n premiers termes soit égale, quel que soit n à

1° $4n^2$; 2° $3n^3$.

— Si a, b, c, d sont en progression géométrique on a

$$(a^2 + b^2 + c^2)(b^2 + c^2 + d^2) = (ab + bc + cd)^2.$$

— On a de même

$$a^2b^2c^2\left(\frac{1}{a^3} + \frac{1}{b^3} + \frac{1}{c^3}\right) = a^3 + b^3 + c^3.$$

— On donne trois nombres en progression géométrique dont la somme est constante. Etudier les variations du produit.

— Trouver la raison d'une progression géométrique dont on connaît le $p^{\text{ième}}$ et le $m^{\text{ième}}$ termes.

— On donne le produit, la somme et la somme des inverses de n termes consécutifs d'une progression géométrique. Trouver une relation entre ces données.

— On a $S = 1 + Q + Q^2 + \ldots$; $s = 1 + q + q^2 + \ldots$ Trouver $\Sigma = 1 + Qq + Q^2q^2 + \ldots$.

— Exprimer en fonction de n la quantité

$$x = 1.2 + 2.3 + 3.4 + \ldots + n(n+1).$$

— On divise AB en moyenne et extrême raison ; on fait ensuite de même pour le plus grand segment et ainsi de suite. Trouver la somme des plus grands segments.

— On donne un cercle O et deux diamètres rectangulaires ; on inscrit un cercle O′ dans l'un des quadrants, puis un cercle dans un quadrant de O′ et ainsi de suite. Somme des surfaces de tous ces cercles.

— Quelles sont les progressions arithmétiques ou géométriques pour lesquelles la somme de deux termes quelconques fait partie de la progression.

— Dans une progression géométrique de six termes, la différence des extrêmes est plus grande que six fois la différence des termes du milieu.

— Trouver une progression harmonique de trois termes sachant que leur somme est égale à 11 et que la somme de leurs carrés est égale à 49.

— Dans une progression géométrique de quatre termes on donne leur somme a et la somme de leurs carrés b^2. Trouver la raison. Limite de $\frac{b^2}{a}$ pour que le problème soit possible.

— Soient deux nombres a et b, m, g et h les moyennes arithmétique, géométrique et harmonique. Placer les nombres m, g, h, par rapport à a et à b. Placer la moyenne arithmétique m' de m et h et leurs deux autres moyennes h' et g'. Montrer que $g' = g$. On continue indéfiniment. Etudier les suites $h, h', h'', \ldots$ $m, m', m'' \ldots$

— Trouver a, b, c, pour que

$$an^3 + bn^2 + cn = 1^2 + 2^2 + \ldots + n^2$$

n étant quelconque.

Logarithmes. Intérêts composés.

— Résoudre $\begin{cases} \log x + \log y = b \\ x^2 + y^2 = a^2 \end{cases}$

— $\begin{cases} \log x - 2 \log y = 1 \\ x + 3y = 5. \end{cases}$

— $x^y = y^x \,;\; x^a = y^b$

— $3^{2x} - 5 . 3^x + 6 = 0 \,;$

$$\frac{\log (35 - x^3)}{\log (5 - x)} = 3$$

$2^x \times 4^y = 16 \,;$ et $5^{2x} - 5^{4y+7} = 0$

$x^{\sqrt{y}} = y \,;$ et $y^{\sqrt{x}} = a^4$

$a^y = y^a \,;$ et $x^2 = y^3$

$$\begin{cases} \dfrac{\log (x - y) - 2 \log 2}{1 - \log (x + y)} = 1 \\[2ex] \dfrac{\log x - \log 3}{\log y - \log 7} = -1 \end{cases}$$

$$\log (1250 - 5\,x^3) = \log 3 + \log 208,\, 333.....$$

$$\log \sqrt{x - 3} - \frac{1}{2}\left[\log (x - 1)^2 - \log (x + 2)\right] = \log \mathrm{I}$$

$$\sqrt{x^{\log \sqrt{x}}} = 10$$

$$x^{\sqrt{x}} = (\sqrt{x})^{x}$$

$$\log 8 + 4 \log 2 = \log 3 - \log 12 + \log 2^{3x^2 - 210x + 2}.$$

$$\log 10 + \frac{1}{3} \log (271 + 3^{\sqrt{2x}}) = 2$$

$$\begin{cases} 3^x - 2^{2y} = 77 \\ 3^{\frac{x}{2}} - 2^y = 7 \end{cases}$$

$$\begin{cases} \log (x^2 + y^2) - 1 = \log 13 \\ \log (x + y) - \log (x - y) = 3 \log 2. \end{cases}$$

$$4^{2(x+1)} = \sqrt[-5]{16^{15-x}}.$$

— Trouver la base d'un système de logarithmes dans lequel

1° 47 a pour $\log \frac{3}{4}$;

2° 3 a pour log **3**.

— Calculer $\log \sqrt{x}$ sachant que $\log x = 1,73489$

— Une dette A doit être amortie par des paiements égaux à *a* fr. faits l'un 4 ans, l'autre 8 ans après l'emprunt. Calculer le taux.

— Une population se compose de 20.000 âmes ; on demande ce qu'elle deviendra au bout d'un siècle sachant que chaque année elle s'accroît de 1, 1/4 0/0.

— Dans la formule $a = A(1 + r)^n \dfrac{1}{(1 + r)^n - 1}$

faire : 1° $r = 0$; 2° $n = \infty$

TRIGONOMÉTRIE

— Réduire au 1er quadrant l'arc de $-1000°$.
— Réduire au 1er quadrant l'arc de $-2836°$.

— Calculer $\cos\frac{a}{4}$ en fonction de $\cos a$.

— Calculer $\cos a$ en fonction de $\cos 4a$.

Application : on donne $\cos a = \frac{\sqrt{5}-1}{4}$, calculer $\cos\frac{a}{4}$.

— Calculer $\operatorname{tg}\frac{a}{4}$ en fonction de $\cos a$.

— Calculer $\operatorname{tg}\frac{a}{4}$ en fonction de $\operatorname{tg} a$.

— Calculer $\cos\frac{a}{4}$ en fonction de $\sin a$.

— Calculer $\cos\frac{a}{3}$ en fonction de $\cos a$.

— Calculer $\cos\frac{a}{2}$ en fonction de $\operatorname{tg} a$.

— Calculer $\operatorname{séc}\frac{a}{2}$ en fonction de $\operatorname{séc} a$.

— Connaissant $\operatorname{tg}\frac{a}{2}$, calculer les lignes de l'arc a.

— Connaissant $\operatorname{cotg} a = 1 + \sqrt{2}$, calculer séc $2a$.

— Connaissant $\sin x = \frac{1}{2}$, $\sin y = \frac{1}{3}$, calculer $\sin(x + y)$.

— Calculer tg 22° 30 ;

— Calculer sin 15°, sin 9°, sin 3°.

— Calculer $y = \operatorname{tg}\frac{\pi}{3} + \operatorname{tg}\frac{\pi}{21}$.

— Trouver les différentes valeurs de $\sin\frac{k\pi}{7}$ quand k prend toutes les valeurs entières et positives.

— Trouver en fonction de a et b la valeur de l'expression $\frac{a}{\cos\theta} + \frac{b}{\sin\theta}$, sachant que $\operatorname{tg}\theta = \sqrt[3]{\frac{b}{a}}$.

— Sachant que $\cos x = \frac{\cos a,}{\sin b}$ trouver $\operatorname{tg}\frac{x}{2}$.

— Sachant que $\sin x = \frac{m^2 - n^2}{m^2 + n^2}$, calculer les autres lignes.

— Connaissant $\cos A = \frac{\cos a - \cos b \cos c}{\sin b \sin c}$, calculer $\operatorname{tg}\frac{A}{2}$,

— Etant donné $\frac{\sin\alpha}{\sin(\theta - \alpha)} = m$, calculer $\operatorname{tg}\alpha$

— Calculer :

$$\cos x = \sin^2 20^\circ - \cos^2 20^\circ$$
$$\operatorname{tg} x = \sin 8^\circ + \sin 10^\circ + \sin 12^\circ$$
$$\operatorname{tg} x = \sin 20^\circ - \cos 20^\circ$$
$$\operatorname{tg} x = \frac{\cos 2\alpha}{\cos \alpha - \sin \alpha} \quad \text{pour } \alpha = \frac{\pi}{4}.$$
$$\frac{\sin 7x}{\sin x} - 2\cos 2x - 2\cos 4x - 2\cos 6x$$
$$\text{pour } x = 83^\circ\, 24'\, 36''$$

— Etant donné $\frac{\operatorname{tg} x}{\text{corde } x} = m$, calculer x

— Vérifier les identités :

1° $$\operatorname{arc\,tg} \frac{1}{2} + \operatorname{arc\,tg} \frac{1}{3} = \frac{\pi}{4}$$

2° $$\operatorname{arc\,tg} \frac{1}{2} + \operatorname{arc\,tg} \frac{1}{5} + \operatorname{arc\,tg} \frac{1}{8} = \frac{\pi}{4}$$

3° $$\operatorname{arc\,tg} \frac{1}{3} + \operatorname{arc\,tg} \frac{1}{7} = \frac{\pi}{4}$$

4° $$\operatorname{arc\,tg} \frac{\sqrt{2}+1}{\sqrt{2}-1} - \operatorname{arc\,tg} \frac{1}{\sqrt{2}} = \frac{\pi}{4}$$

5° $$\operatorname{arc\,tg} \frac{x \cos \varphi}{1 - x \sin \varphi} - \operatorname{arc\,tg} \frac{x - \sin \varphi}{\cos \varphi} = \varphi$$

6° $$\operatorname{arc\,cotg} a + \operatorname{arc\,cotg} b = \operatorname{arc\,cotg} \frac{ab - 1}{a + b}$$

7° $$\operatorname{arc\,tg} \frac{1}{x-1} - \operatorname{arc\,tg} \frac{1}{x+1} \operatorname{arc\,tg} \frac{2}{x^2}$$

8° $$\operatorname{arc\,sin} \frac{3}{5} + \operatorname{arc\,sin} \frac{4}{5} = \frac{\pi}{2}$$

9° $\arcsin\frac{1}{2} + \arcsin\frac{\sqrt{6}-\sqrt{2}}{4} = \frac{\pi}{4}$

10° $\arcsin\sqrt{\frac{x}{a+x}} + \operatorname{arc\,tg}\sqrt{\frac{x}{a}}$

11° $\arcsin 2x - \arcsin x\sqrt{3} = \arcsin x.$

— Vérifier les formules

1° $\operatorname{tg} 2x + \operatorname{séc} 2x = \frac{\cos x + \sin x}{\cos x - \sin x}$

2° $\operatorname{séc}^2 x + \operatorname{coséc}^2 x = \operatorname{séc}^2 x \operatorname{coséc}^2 x$

3° $\operatorname{tg} x + \operatorname{cotg} x = \sqrt{\operatorname{séc}^2 x + \operatorname{coséc}^2 x}$

4° $\cos^2\beta = 1 + \cos 2\alpha$, si on a $\operatorname{tg}^2\alpha = 1 + 2\operatorname{tg}^2\beta$

5° $\sin(36^\circ + x) + \sin(72^\circ - x) - \sin(36^\circ - x)$
$- \sin(72^\circ + x) = \sin x$

6° $\operatorname{tg}^2\frac{\alpha}{2} + \operatorname{tg}^2\frac{\beta}{2} + \operatorname{tg}^2\frac{\gamma}{2} = 1$, si on a $\cos\alpha = \frac{a}{b+c}$;

$\cos\beta = \frac{b}{a+c}$ et $\cos\gamma = \frac{c}{a+b}$

7° $\cos^2 A + \cos^2 B + \cos^2 C - 2\cos A\cos B\cos C - 1 = o$
si $A + B + C = \pi$

8° $2(\sin^6 x + \cos^6) - 3(\sin^4 x + \cos^4 x) = -1$

9° $\sin^6 x + \cos^6 x + 3\sin^2 x\cos^2 x = 1$

10° $\cos^2 x - 2\cos(\alpha + x)\cos\alpha\cos x + \cos^2(\alpha + x) = \sin^2\alpha$

11° $\sin(x - 120^\circ) + \sin x + \sin(x + 120^\circ) = 0$

12° $\operatorname{tg} 9^\circ - \operatorname{tg} 27^\circ - \operatorname{tg} 63^\circ + \operatorname{tg} 81^\circ = 4.$

— Démontrer que dans les tables de logarithmes la différence tabulaire doit être la même pour les tangentes et pour les cotangentes et qu'elle est égale à la somme des différences tabulaires du sinus et du cosinus.

— Transformer en produit les expressions :

$$y = \frac{\sin A + \sin B - \sin C}{\sin A + \sin B + \sin C} \qquad \text{si } A + B + C = \pi$$

$$y = \frac{\sin x + \sin 2x}{\cos x + \cos 2x}$$

$$y = \frac{\operatorname{tg} x + \operatorname{tg} y}{\operatorname{cotg} x + \operatorname{cotg} y}$$

$$y = \frac{2\sin x - \sin 2x}{2\sin x + \sin 2x}$$

$$y = \frac{\sin x + \sin 3x + \sin 5x}{\cos \alpha + \cos 3x + \cos 5x}$$

$$y = \sin A + \sin B + \sin C \qquad \text{si } A + B + C = \pi$$

$$y = \frac{\sin x + \sin y}{\sin x - \sin y}$$

$$y = 1 + \cos x + \cos 2x$$

$$y = 1 + 2 \cos \alpha \cos \beta \cos \gamma - \cos^2 \alpha - \cos^2 \beta - \cos^2 \gamma$$

$$y = 3 - 4 \cos 2x + \cos 4x$$

$$y = 1 + \sin x + \cos x$$

$$y = \sin A + \sin B + \sin C - \sin (A + B + C)$$

$$y = \sin a + \sin (a + x) + \sin (a + 2x)$$

$$y = (\sin x + \sin y)^2 + (\cos x + \cos y)^2$$

$$y = \sin a + \sin \left(a + \frac{2x}{3}\right) + \sin \left(a + \frac{4x}{3}\right)$$

$$y = \sin x + \sin 2x + \sin 3x$$

$$y = \operatorname{tg} x + \operatorname{cotg} x$$

$y = \cos^2(120^0 - x) + \cos^2 x + \cos^2(120^0 + x)$

$y = \cos\frac{\pi}{7} + \cos\frac{3\pi}{7} + \cos\frac{5\pi}{7}$.

$y = 1 + \text{tg}\, a$

$y = 1 + \text{tg}^2 a$

$y = 1 + \text{tg}^4 a$

$y = 1 + 2\cos a$

$y = \text{tg}\, a + \text{séc}\, a$

$y = 1 - 4\cos^2 a$

$y = \frac{1}{1 + \text{tg}\, a\ \text{tg}\, 2a}$

$y = \sqrt{a^2 + b^2 - 4ab}$

$y = \sqrt{a^4 + b^4}$

$y = 1 + \sqrt{2}$

$y = 1 + \sqrt{3}$

$y = 1 + \sqrt{3} - \frac{1}{\sqrt{2}}$

$y = \frac{m}{2 + m\sqrt{3}}$

$z = 1 - \cos^2 x - \cos^2 y$;

maximum ou minimum de z si $x + y = a$

— Si $\sin x = \frac{1}{\sqrt{3}}$ et $\cos y = \frac{1}{\sqrt{2}} + \frac{1}{2\sqrt{3}}$ on a $x - y = 30^0$

— Si $\cos x = \frac{\sqrt{2}}{\sqrt{3}}$ et $\cos y = \frac{\sqrt{3} + \sqrt{2}}{2\sqrt{3}}$ on a $x + y = 60^0$.

— Si $\text{tg}\, x = \frac{1}{3}$ et $\text{tg}\, y = \frac{1}{7}$ on a $2x + y = 45^0$.

— Si $\operatorname{tg} x = \dfrac{\sqrt{2}+1}{\sqrt{2}-1}$ et $\operatorname{tg} y = \dfrac{1}{\sqrt{2}}$ trouver $x - y$.

— On donne la relation

$$(1 + a \cos \alpha)(1 - a \cos \beta) = 1 - a^2$$

en déduire : $\dfrac{\operatorname{tg}^2 \dfrac{\alpha}{2}}{\operatorname{tg}^2 \dfrac{\beta}{2}} = \dfrac{1+a}{1-a}$

— De la relation $\operatorname{tg}^2 \alpha = 1 + 2 \operatorname{tg}^2 \beta$ déduire $\cos 2\beta = 1 + 2 \cos 2\alpha$.

— Calculer $\sin(a+b)$ et $\cos(a+b)$ connaissant $\cos a$ et $\operatorname{tg} b$.

— Calculer $\sin(a+b)$ et $\cos(a+b)$ connaissant $\operatorname{tg} a$ et $\operatorname{tg} b$.

— Trouver la relation qui lie les angles B et C lorsque l'on a : 1° $\dfrac{\operatorname{tg} B}{\operatorname{tg} C} = \dfrac{\sin^2 B}{\sin^2 C}$; 2° $\dfrac{\sin 2B}{\sin 2C} = \dfrac{\operatorname{tg} B}{\operatorname{tg} C}$

— Démontrer que le triangle ABC est rectangle si l'on a :

1° $1 + \sin B + \sin C = 2\sqrt{2} \cos \dfrac{B}{2} \cos \dfrac{C}{2}$;

2° $\sin A = \dfrac{\sin B + \sin C}{\cos B + \cos C}$;

3° $\sin^2 \dfrac{C}{2} - \sin^2 \dfrac{B}{2} = \dfrac{c-b}{2a}$;

4° $\operatorname{tg} \dfrac{B}{2} = \dfrac{b}{a+c}$.

— Démontrer que le triangle ABC est isocèle si on a :

1° $\frac{\sin A}{\sin B} = 2 \cos C$;

2° $\sin \frac{B}{2} \cos^3 \frac{A}{2} = \sin \frac{A}{2} \cos^3 \frac{B}{2}$.

— Que dire d'un triangle dans lequel on a les relations :

1° $\text{Cos}\,[B - C] = 2 \sin B \sin C$;

2° $\text{Cos}\,[B - C] = \frac{2bc}{a^2}$;

3° $\text{Cos}\, 2B = \frac{c^2 - b^2}{c^2 + b^2}$;

4° $\frac{\text{corde}\,(B - C)}{\text{corde}\,(B + C)} = \sin B - \sin C$;

5° $\text{Cos}\, 2B - \text{Cos}\, 2C = [\text{tg}\, C - \text{tg}\, B] \sin 2C$

6° $\text{Sin}^2 A = \sin^2 B + \sin^2 C$;

7° $\text{tg} B = \frac{\text{Cos}\,(C - B)}{\sin A + \sin (C - B)}$;

8° $\text{arc tg} \frac{a}{b + c} + \text{arc tg} \frac{b}{a + c} = \frac{\pi}{4}$

9° $\sin^2 \frac{A}{2} - \sin^2 \frac{B}{2} = \frac{a - b}{2c}$.

10° $\text{coséc}\, 2B = \frac{8 \cos^2 C - 4}{\text{corde}\, 8\, C}$

— Dans tout triangle on a les relations

1° $\text{tg}\, A \times \text{tg}\, B \times \text{tg}\, C = \text{tg}\, A + \text{tg}\, B + \text{tg}\, C$

et réciproquement

2° $[b + c] \sin \frac{A}{2} = a \sin \left(\frac{A}{2} + B\right)$

3° $b\left(\operatorname{tg}\frac{A}{2}+\operatorname{tg}\frac{B}{2}\right)+c\left(\operatorname{tg}\frac{A}{2}+\operatorname{tg}\frac{C}{2}\right)=\frac{2a}{\sin A}$

4° $$\frac{\sin^2 A}{h_a^2}=\frac{1}{b^2}+\frac{1}{c^2}-2\frac{\cos A}{bc}$$

5° $\dfrac{2\cos\frac{A}{2}}{\alpha}=\frac{1}{b}+\frac{1}{c}$ (α est la bissectrice de A)

6° $$\frac{R}{r}=\frac{2p}{a\cos A+b\cos B+c\cos C}$$

7° $b^2\sin 2C-2bc\sin[B-C]-c^2\sin 2B=0$

8° $[b-c]\operatorname{cotg}\frac{A}{2}+[c-a]\operatorname{cotg}\frac{B}{2}+[a-b]\operatorname{cotg}\frac{C}{2}=0.$

— Si dans un triangle, les angles sont en progression arithmétique et satisfont à la relation

$$\sin^2 A+\sin^2 B+\sin^2 C=2$$

trouver A, B et C.

— Si dans un triangle $A=2B$, on a $a^2=b(b+c)$ et réciproquement.

— Si dans un triangle $B-C=\frac{\pi}{2}$, démontrer que l'on a

$$a^2(b^2+c^2)=(b^2-c^2)^2.$$

— Dans un triangle ABC, on mène la hauteur AH, on joint son milieu K au milieu M de BC. Démontrer que :

$$\operatorname{cotg}\widehat{KMB}=\operatorname{cotg} C-\operatorname{cotg} B$$

— On donne un triangle ABC et le centre O du

cercle circonscrit; on joint OA qui rencontre BC en D. Démontrer que $\frac{OD}{OA} = \frac{\cos(B+C)}{\cos(B-C)}$.

— Dans un triangle rectangle en A si on mène la médiane et la bissectrice de l'angle B, φ étant leur angle on a $\operatorname{tg}\varphi = \operatorname{tg}^3 \frac{B}{2}$

— Pour un triangle quelconque, on a

$$\operatorname{tg}\varphi = \operatorname{tg}\frac{A-C}{2}\operatorname{tg}^2\frac{B}{2}$$

— Si dans un triangle sin A, sin B, sin C sont en progression arithmétique, il en est de même de $\operatorname{cotg}\frac{A}{2}$, $\operatorname{cotg}\frac{B}{2}$, $\operatorname{cotg}\frac{C}{2}$.

— Si $\theta-\alpha$, θ, $\theta+\alpha$ sont trois angles dont les cosinus sont en progression harmonique, on a :

$$\cos\theta = \sqrt{2}\cos\frac{\alpha}{2}.$$

— Si $\cos[A-C]\cos B = \cos[A-B+C]$; démontrer que tg A, tg B, tg C sont en progression harmonique.

— Démontrer que :

$$\text{Corde}\,\frac{3x}{2}\,\text{corde}\,\frac{x}{2} = \text{corde}^2 x - \text{corde}^2\frac{x}{2}$$

— Démontrer que

$$\frac{\sin A}{\sin B\cos B} - \frac{\cos(A-B)}{\cos B} - \frac{\sin A}{\sin B} + 1 =$$

$$= \frac{2\left(\sin B \sin^2 \frac{A}{2} - \sin A \sin^2 \frac{B}{2}\right)}{\sin B}$$

— Si dans un triangle on pose :

$2\cos A = x + \frac{1}{x}$ et $2\cos B = y + \frac{1}{y}$ on a :

$$bx + \frac{a}{y} = c.$$

— Si dans un triangle $b - a = nc$ on a :

$\operatorname{Cos}\left(A + \frac{C}{2}\right) = n \cos \frac{C}{2}$ et $\operatorname{cotg} \frac{B - A}{2} = \frac{1 + n \cos B}{n \sin B}$.

— Si dans un triangle on a :

$$\operatorname{cotg} \frac{A}{2} + \operatorname{cotg} \frac{C}{2} = 2 \operatorname{cotg} \frac{B}{2}$$

on a aussi : $\operatorname{cotg} \frac{A}{2} \operatorname{cotg} \frac{C}{2} = 3.$

— Trouver la vraie valeur des expressions.

$\frac{\sin\left(x - \frac{\pi}{6}\right)}{1 - \sin 3x}$ pour $x = \frac{\pi}{6}$

$\frac{\operatorname{tg} 3x}{\operatorname{tg} 2x}$ pour $x = 0$

$\frac{1 - \cos x}{1 - \cos 2x}$ pour $x = 0$

$\frac{1 - \cos \alpha x}{1 - \cos \beta x}$ pour $x = 0$

$\frac{\sin \alpha x}{\sin \beta x}$ pour $x = 0$

$\dfrac{x}{\sin 3x}$ pour $x = 0$

$\dfrac{1 - 2\cos x}{\sqrt{3} - \operatorname{tg} x}$ pour $x = \dfrac{\pi}{3}$

$\dfrac{2\sin^2 x + \sin x - 1}{4\sin^2 x - 4\sin x + 1}$ pour $x = \dfrac{\pi}{6}$

$(1 - x)\operatorname{tg}\dfrac{\pi x}{2}$ pour $x = 1$

$\dfrac{\text{corde } x}{\operatorname{tg} x}$ pour $x = 0$

$\dfrac{1 - 2\cos x}{\sin 3x}$ pour $x = \dfrac{\pi}{3}$

$\dfrac{x - \sin^2 x}{x^2}$ pour $x = 0$

$\dfrac{1 - \sin 2x}{\cos 2x}$ pour $x = \dfrac{\pi}{4}$

$\dfrac{\sin^2 x - \sin^2 \alpha}{x^2 - \alpha^2}$ pour $x = \alpha$

$\dfrac{x \sin x}{1 + \cos x - 2\cos^2 x}$ pour $x = 0$

$\dfrac{\sin^2 \alpha - \sin^2 \beta}{\sin \alpha \cos \alpha - \sin \beta \cos \beta}$ pour $\alpha = \beta$

$\dfrac{2\sin x - 1}{\cos 3x}$ pour $x = \dfrac{\pi}{6}$

$\dfrac{\operatorname{tg} x - \sin x}{\sin^3 x}$ pour $x = 0$

$\dfrac{1 - \cos x}{\operatorname{tg}^2 x}$ pour $x = 0$

$$\frac{\cos\left(\frac{\pi}{4}+x\right)}{1-\operatorname{tg} x} \quad \text{pour } x=\frac{\pi}{4}$$

$$\frac{\operatorname{tg} x}{1-\cos x} \quad \text{pour } x=0$$

$$\frac{1}{\sin x}-\operatorname{cotg} x \quad \text{pour } x=0$$

$$\frac{\sin (x-60)}{4\cos^2 x-1} \quad \text{pour } x=60$$

$$\frac{1-\operatorname{tg} x}{1-\operatorname{cotg} x} \quad \text{pour } x=\frac{\pi}{4}$$

$$\frac{\cos 2x}{\cos x-\cos \frac{\pi}{4}} \quad \text{pour } x=\frac{\pi}{4}$$

$$\frac{(1-\sin x)^2}{\cos x} \quad \text{pour } x=\frac{\pi}{2}$$

$$\frac{x^2}{1-\cos mx} \quad \text{pour } x=0$$

— Démontrer que si A, B, C sont les faces d'un trièdre on a toujours

$1-\cos^2 A-\cos^2 B-\cos^2 C+2\cos A\cos B\cos C>0$.

— Les faces d'un trièdre étant de 60^0, trouver les dièdres.

— Eliminer x entre les équations

$$\begin{cases} a\sin x+b\cos x=c \\ a'\sin x+b'\cos x=c'. \end{cases}$$

— De même $\begin{cases} a\operatorname{tg} x+b\operatorname{cotg} x=c \\ a'\operatorname{tg} x+b'\operatorname{cotg} x=c'. \end{cases}$

Eliminer α et α' entre les équations.

$$\begin{cases} x \cos \alpha + y \sin \alpha - a = o \\ x \cos \alpha' + y \sin \alpha' - a = o \\ x - (\alpha + \alpha') = \frac{\pi}{2}. \end{cases}$$

— Trouver les valeurs de a et φ telles que le polynôme

$$ax^2 + x \cos^2 \varphi + \sin \varphi$$

soit divisible par $(x - 2)(x - 3)$.

— On donne l'équation

$$a \sin x + b \cos x = c ;$$

trouver la relation entre a, b et c pour que les deux racines diffèrent de π.

— On donne l'équation

$$\cos^2 x - 4 \sin x \cos x + 2 \sin^2 x = m$$

Déterminer m pour que α et β étant les racines, on ait $\beta = 90^\circ + \alpha$.

— On donne $\cos x =$ corde x ; calculer x.

— Calculer les tangentes de 3 arcs connaissant les tangentes des sommes de ces arcs pris deux à deux.

— Résoudre

$$\text{arc tg } x + \text{arc tg } \frac{1}{x^2 - x + 1} = \text{arc tg } \frac{1}{x - 1}.$$

— Résoudre le système

$$\begin{cases} x \sin \alpha + y \sin 2\alpha = \sin 3\alpha \\ x \sin 3\alpha + y \sin 6\alpha = \sin 9\alpha. \end{cases}$$

— Résoudre et discuter les équations :

$$\cos(a + x) = \cos(a - x)$$

$$\operatorname{tg} x = \operatorname{tg} 5x$$

$$\operatorname{tg} x \operatorname{tg} 3x = 1$$

$$\cos 2x = \sin 3x \; ; \; \sin 2x = \cos 4x.$$

$$\cos\left(\frac{2x}{3} + \frac{\pi}{4}\right) = \sin\left(\frac{x}{2} + \frac{\pi}{3}\right)$$

$$(\cos \alpha - \cos \alpha') \sin x + (\sin \alpha' - \sin \alpha) \cos x + \sin (\alpha - \alpha') = 0$$

$$\frac{1}{\sin x} + \frac{1}{\cos x} = \lambda$$

$$\sin x + \cos x = 0$$

$$\sin x + \sqrt{3} \cos x = \sqrt{2}$$

$$\sin^2 x - 2 (m - 1) \sin x + m^2 - 1 = 0$$

$$(4m - 2) \sin^2 x + (3m + 1) \sin x + 2 = 0$$

$$\sin 3x + \lambda \sin 2x + 2 \sin x = 0$$

$$\sin x + \cos x + \sin 2x = \lambda$$

$$\sin x + \cos x + \sin^2 x = \lambda$$

$$\sin^2 x + 5 \cos^2 x + 3 \sin x \cos x = \lambda$$

$$\operatorname{tg} x + \operatorname{tg} 2x + \operatorname{tg} 3x = 0$$

$$a \cos^2 x + b \sin x \cos x + c \sin^2 x = \lambda$$

$$2 \operatorname{tg} x + \operatorname{tg} (a - x) = \operatorname{tg} (b + x)$$

$$\cos x \cos (x - a) = \lambda$$

$$\sin x (\sin x - \cos x) = \lambda$$

$$\cos x (\cos x - \sin x) = \lambda$$

$$\text{séc}\, x + \text{coséc}\, x = 3 \sin x$$

$$\lambda (\sin x + \cos x) = \text{séc}\, x$$

$$\text{séc}\, \alpha \,\text{séc}\, x + \operatorname{tg} \alpha \operatorname{tg} x = \text{séc}\, \beta$$

$$\sin (x + \alpha) - \cos (x - \alpha) = \cos (x + \alpha) - \sin (x - \alpha)$$

$$4 \cos 2x + 2m \cos^2 x \sin x - \cos 4x = 3$$

$$\text{coséc}^2 \frac{x}{2} - \sec^2 \frac{x}{2} = 2\sqrt{3}\,\text{coséc}^2 x.$$

$$\text{tg}\left(\frac{\pi}{4} - x\right) + \text{tg}\left(\frac{\pi}{4} + x\right) = \sqrt{\frac{8\sqrt{2}}{1+\sqrt{2}}}$$

$$\sin x + \sin 2x + \sin 3x = 1 + \cos x + \cos 2x$$

$$\sin^3 x + \cos^3 x = o$$

$$\sin^4 x + \cos^4 x = \lambda\,;$$

$$\sin^4 x + \cos^4 x = \sin 2x$$

$$\sin^2 x + \cos x = \lambda\,;$$

$$\sin 4x + \sin x = o$$

$$\sin^2 x = \lambda \sin (x + \alpha) \cos x$$

$$\text{tg}^2 x + \cos^2 x = \lambda$$

$$(m - 1)\,\text{tg}^2 x - 2\,(m - 2)\,\text{tg}\, x + 3\,(m - 3) = o$$

$$m\,\text{tg}^4 x - 2\,(m - 1)\,\text{tg}^2 x + m - 2 = o$$

$$2a^2 \cos^4 x - (2a^2 + m^2) \cos^2 x + a^2 = o$$

$$2\cos^4 x - \frac{1}{\cos^2 x} = -\sin^2 x\,(1 + 2\cos^2 x)$$

$$\cos^4 x - 2\cos^3 x - \cos^2 x + 2\cos x + 1 = o$$

$$5\,(\sin x + \cos x)^2 - 12\,(\sin x + \cos x) + 7 = o$$

$$\cos 2x + \lambda \sin x = m$$

$$\sin 2x = \lambda \cos 3x$$

$$\cos 3x = \lambda \cos x$$

$$\sin x \cos 2x = \lambda$$

$$\sin x = \lambda \sin 2x$$

$$\sin x = \lambda \sin 3x$$

$$\sin 3x = \lambda \cos^2 x$$

$$\sin 3x = \lambda \sin^2 x$$

$$\sin x \sin 3x = \lambda$$

$$\sin 3x = \lambda \sin 2x\,;$$

$$\sin 3x = (\lambda^2 + 3\lambda - 1) \sin x$$

$$3 \sin^3 x = 2\cos \alpha \cos x$$

$$\cos 3x = \lambda \cos^2 x$$

$$\cos 2x = \lambda \cos x$$

$$\lambda \cos 2x + \cos x = 1$$

$$a \sin \frac{x}{2} + b \cos \frac{x}{3} = b \quad \text{(application } b = 2,\ a = 1)$$

$$\text{Sin } x \text{ tg } x = \lambda ;$$

$$\text{Cos } (\alpha + x) \cos (\beta + x) = \lambda \sin (\alpha + x) \sin (\beta + x)$$

$$\cos 2x - \cos^2 x = \lambda$$

$$\sin^2 2x + \sin^2 x = \lambda$$

$$\sin^2 2x - \lambda \sin^2 x = m$$

$$\text{séc } x + \text{coséc } x = 2 (\text{tg}^2 x + \text{cotg}^2 x)$$

$$\text{tg}^2 x + \text{séc } 2x = \lambda$$

$$\sin x - \sin 2x = \lambda \text{ tg } x$$

$$\cos x + \cos 3x + \cos 5x = 0$$

$$\cos 2x \mp \cos 6x = \sin 3x \pm \sin 5x$$

$$\text{cotg } x - \text{tg } x = \sin x + \cos x$$

$$\text{tg } x + \text{cotg } x - \text{tg } 3x - \text{cotg } 3x = 4.$$

$$\sin x - \sin (\alpha - x) = \lambda \cos^2 x$$

$$2 \cos^3 x - 3 \cos^2 x + 1 = 0$$

$$\frac{\text{tg}^4 x + \text{tg}^2 x + 16}{\text{tg}^2 x + 1} = \lambda$$

$$\sin 2x \cos x + \sin x = 1$$

$$\sin x + \sin 2x + \sin 3x + \sin 4x + \sin 5x = 0$$

$$\sin 2x - \sin x = \lambda \sin 3x$$

$$\sin 3x - 2 \sin 2x + \sin^2 x + 4 \sin^3 x = 0$$

$$\text{tg} x + \text{tg} 2x + \text{tg} 3x + \text{tg} 4x = 0.$$

$$\sin 2x \cos 2x + 3 \sin x \cos 3x = 0$$

$$\sin 7x - \sin 3x = \sin 2x$$

$$\frac{\sin x \operatorname{tg} x}{2(1 - \cos x)} = \frac{m}{n}$$

$$\text{séc}\, x + \operatorname{tg} x = \sin x + \cos x + 1$$

$$\operatorname{tg} 2x + \operatorname{tg} 3x = 3 \operatorname{tg} x.$$

$$\operatorname{cotg} x + \operatorname{cotg} 4x = 2 \operatorname{cotg} 2x$$

$$\operatorname{tg} 3x = \lambda \operatorname{tg}^3 x$$

$$\operatorname{tg} 3x = \lambda \operatorname{tg} 2x$$

$$\operatorname{tg} x = \lambda \operatorname{tg} 3x$$

$$\operatorname{tg} x + \operatorname{tg} 3x = 1$$

$$\operatorname{tg} x = \frac{a - 1 + \operatorname{tg} 2x}{a + 1 + \operatorname{tg} 2x}$$

— On donne $\operatorname{tg} b \cos x - \sin a \sin x = \operatorname{tg} b \cos a$, calculer $\operatorname{tg} \frac{x}{2}$ en fonction de $\operatorname{tg} \frac{b}{2}$ et $\operatorname{tg} \frac{a}{2}$.

— Résoudre et discuter les systèmes suivants :

$$\begin{cases} x + y = a \\ \sin x = 5 \sin y \end{cases}$$

$$\begin{cases} \cos x + \cos y = \frac{1}{2}(\sqrt{2} + \sqrt{3}) \\ \cos 3x + \cos 3y = -\frac{1}{2}\sqrt{2} \end{cases}$$

$$\begin{cases} x + y = a \\ \sin x \sin y = b \end{cases}$$

$$\begin{cases} x + y = a \\ \cos x \cos y = b \end{cases}$$

$$\begin{cases} \cos (x \pm y) = a \\ \cos x = b \cos y \end{cases}$$

$$\begin{cases} x + y = a \\ \dfrac{\text{corde } x}{\text{corde } y} = m \end{cases}$$

$$\begin{cases} x - y = a \\ \sin x \cos y = b \end{cases}$$

$$\begin{cases} x - y = a \\ \dfrac{\sin x}{\cos y} = b \end{cases}$$

$$\begin{cases} x - y = a \\ \sin^2 x - \sin^2 y = b \end{cases}$$

$$\begin{cases} \sin (x + y) = p \\ \sin (x - y) = q \end{cases}$$

$$\begin{cases} \sin (x + y) = \sqrt{2} \cos \dfrac{x + y}{2} \\ \sin (x - y) = 3 \cos x - \dfrac{1}{2} \end{cases}$$

$$\begin{cases} \sin (x + y) = \sqrt{3} \sin x \\ 2 \sin x = \sin y \end{cases}$$

$$\begin{cases} 9 \operatorname{tg} x + \operatorname{tg} y = 4 \\ 2 \operatorname{cotg} x + 4 \operatorname{cotg} y = 1 \end{cases}$$

$$\begin{cases} \sin x + \sin y = \sin \alpha \\ \cos x + \cos y = 1 + \cos \alpha \end{cases}$$

$$\begin{cases} \sin 2x = m \sin 2y \\ \cos 2x + \cos 2y = 1 \end{cases}$$

$$\begin{cases} x + y = a \\ \operatorname{tg} x \operatorname{tg} y = b \end{cases}$$

$$\begin{cases} \operatorname{tg} x + \operatorname{tg} y + \operatorname{tg} z = 1 + \dfrac{4}{\sqrt{3}} \\ \operatorname{tg} x \operatorname{tg} y + \operatorname{tg} y \operatorname{tg} z + \operatorname{tg} z \operatorname{tg} x = 1 + \dfrac{4}{\sqrt{3}} \\ \operatorname{tg} x \operatorname{tg} y \operatorname{tg} z = 1 \end{cases}$$

$$\begin{cases} x + y = a \\ \cotg x + \cotg y = b \end{cases}$$

$$\begin{cases} 3 \operatorname{tg} x = 2 \operatorname{tg} y \\ x + y = \dfrac{\pi}{4} \end{cases}$$

$$\begin{cases} 2 \cos x \cos y = 1 \\ \operatorname{tg} x + \operatorname{tg} y = 2. \end{cases}$$

— Discuter, par rapport à $\cos \theta$, l'équation

$$\left(\frac{1}{\operatorname{tg}^2\alpha} - \frac{1}{\operatorname{tg}^2\beta}\right)x^2 - \frac{2a \cos \theta}{\operatorname{tg} \alpha} x + a^2 = 0.$$

— Résoudre les inégalités

$$\sin 3x - \sin 2x + \sin x > 0 ; \quad 0 < x < \pi$$

$$\sqrt{a^2 \sin^2 x} < 2a - \cos x ;$$

$$\frac{4 - \cos x + 1}{4\cos^2 x - 2\cos x - 1} < 1 ; \quad 0 < x < \pi$$

$$2\operatorname{tg} x - 3 > \frac{2}{\operatorname{tg} x}$$

$$\frac{2 (\sqrt{3} - \sqrt{2}) \sin x - (\sqrt{6} + 1)}{4\sin^2 x - 1} - 1 < 0.$$

— Etudier les variations de

$$y = \frac{3 - \operatorname{tg}^2 x}{1 + \operatorname{tg} x}; \quad 0 < x < \pi ;$$

$$y = \sqrt{x^2 \cos \alpha - 4 x \sin \alpha + \operatorname{tg} \alpha}; \quad 0 < \alpha < \pi$$

$$y = x + \frac{1}{\cos x}; \quad 0 < x < 2\pi$$

$$y = x + \sqrt{\operatorname{tg} x}; \quad 0 < x < 2\pi$$

$$y = \operatorname{tg} x (1 + 2 \cos 2 x); \quad 0 < x < \frac{\pi}{2},$$

$$y = \operatorname{tg} x + 3 \operatorname{cotg} x \text{ ; pour } o < x < \pi.$$

$$y = x + \frac{1}{\sqrt{\sin x}} ; \quad o < x < \pi$$

$$y = \frac{3 \sin x \cos x}{\sin 3x} ; \quad o < x < 60 ;$$

$$y = \sqrt{\sin x} ; \quad o < x < \pi$$

$$y = \frac{1}{\sin x + \cos x} ; \quad o < x < 2\pi$$

$$y = \frac{\operatorname{tg} 3x}{\operatorname{tg}^3 x} ; \quad o < x < \frac{\pi}{2}$$

$$y = \frac{2 - \cos x}{2 \cos^2 x - 1} ; \quad o < x < \pi$$

$$y = \frac{\sin x}{\cos^2 x} ;$$

$$y = \sqrt{\operatorname{tg}^2 x + \operatorname{tg} x - 1}$$

$$y = \frac{\cos^2 x}{\cos^2 x + \cos x + 1}$$

$$y = \frac{2 \cos x}{3 - 4 \sin^2 x}$$

$$y = \frac{1 - 2 \cos x}{\sin^2 x}$$

$$y = \frac{\sin^2 x + \sin x + 1}{2 \sin^2 x - 3 \sin x + 1} \text{ pour } o < x < 2\pi.$$

— Maximum et minimum de

$$y = \frac{\operatorname{tg} 3x - \operatorname{tg}^3 x}{\operatorname{tg} x}$$

— On donne un cercle de diamètre AB. Sous quel angle faut-il mener une corde AD pour que :

1° Le quadrilatère OCDB soit circonscrptible ?

2° Pour que le cercle inscrit dans le triangle CDE ait un rayon donné ?

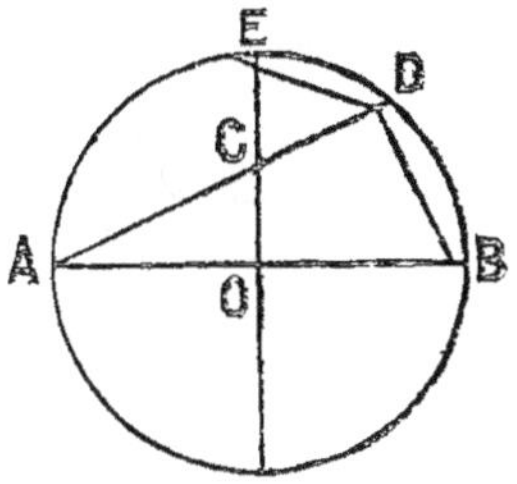

Fig. 31.

— On donne deux axes Ox, Oy et deux points A et B sur Ox tels que $AB = 2a$: en A on trace un angle φ : La droite AZ rencontre Oy en C. De C on décrit la circonférence passant par A et B qui rencontre AZ en M. De M on abaisse MQ et MP perpendiculaires sur Oy et sur CB ; on forme ainsi un quadrilatère CMPQ :

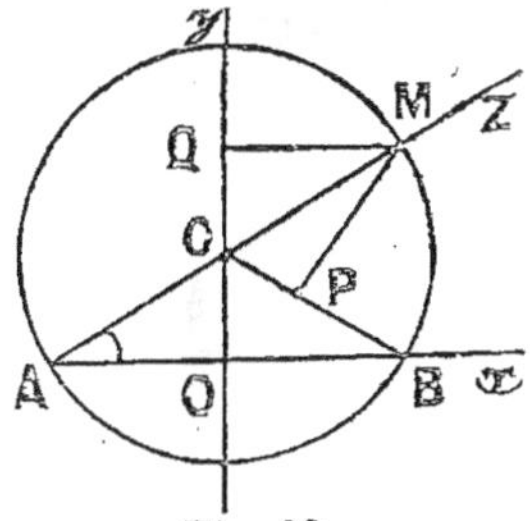

Fig. 32.

1° Exprimer la surface de ce quadrilatère en fonction de a et de φ.

2° φ variant, étudier les variations de cette surface.

— On donne un cercle de diamètre $AB = 1$ sur lequel on prend un point C tel que $AC = \frac{AO}{2} = \frac{1}{4}$. Par le point A on mène AM faisant avec AB un angle φ et par C une parallèle CN à AM. On projette M en P sur le diamètre et P en Q sur CN :

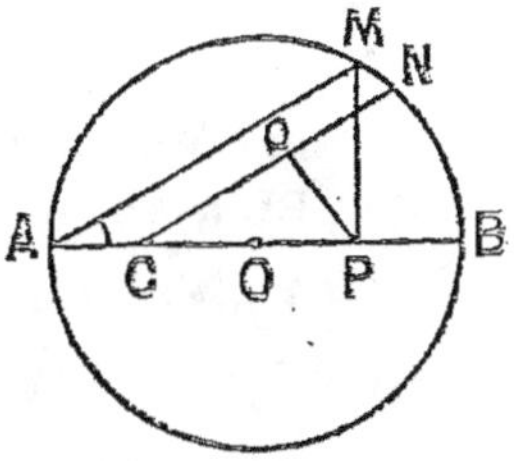

Fig. 33.

Démontrer que $4PQ = \sin 3\varphi$.

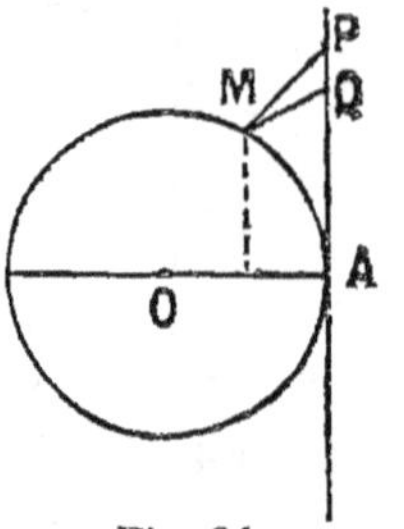

Fig. 34.

— Sur la tangente en A au cercle O on prend $AP = p$ $AQ = q$. On considère un point M parcourant la circonférence :

Etudier les variations de l'angle PMQ.

Formules

Triangles rectangles. — Nous désignerons par a l'hypoténuse b et c les côtés de l'angle droit ; h la hauteur issue de A ; $\alpha, \beta, \gamma, \alpha', \beta', \gamma'$, les bissectrices issues de A, B, C ; μ et ν les segments HC, BH déterminés par la hauteur sur l'hypoténuse ; x, y leurs projections sur b et c ; m et n les segments DC et BD déterminés par la bissectrice intérieure.

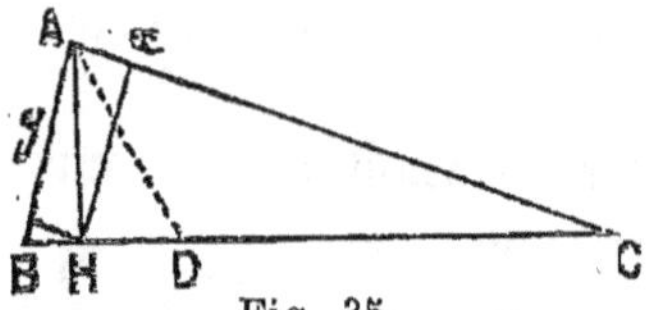

Fig. 35.

Triangles isocèles. — Nous désignerons par A l'angle au sommet, B et C les angles égaux à la base.

Triangles quelconques. — Mêmes notations que pour le trinagle rectangle ; m_a, m_b, m_c, les médianes correspondant aux côtés a, b, c ; h_a, h_b, h_c les hauteurs ; r le rayon du cercle inscrit, R celui du cercle circonscrit ; ρ_a, ρ_b, ρ_c, les rayons des cercles ex-inscrits dans les angles A, B, C ; $2p$ le périmètre, S la surface M_a, M_b, M_c, les angles des médianes avec les côtés sur lesquels elles tombent ; D_a, D_b, D_c les pieds des bissectrices intérieures ; D'_a D'_b, D'_c, les pieds des bissectrices extérieures.

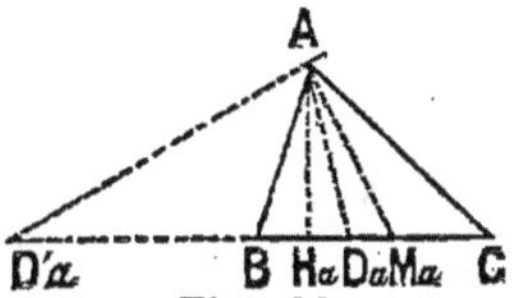

Fig. 36.

Eléments d'un triangle en fonction de R et des angles :

$$2p = 4R \cos\frac{A}{2} \cos\frac{B}{2} \cos\frac{C}{2}$$

$$h_a = 2R \sin B \sin C,$$

$$h_b = 2R \sin A \sin C,$$

$$h_c = 2R \sin A \sin B. \quad \mu = 2R \sin B \cos C' ;$$

$$\nu = 2R \cos B \sin C.$$

$$\alpha = \frac{h_a}{\cos\frac{B-C}{2}} = \frac{2R \sin B \sin C}{\cos\frac{B-C}{2}}$$

$$\beta = \frac{2R \sin A \sin C}{\cos\frac{A-C}{2}}$$

$$\gamma = \frac{2R \sin A \sin B}{\cos\frac{A-B}{2}}$$

$$\alpha' = \frac{2R \sin B \sin C}{\sin \frac{B - C}{2}}$$

$$\beta' = \frac{2R \sin A \sin C}{\sin \frac{A - C}{2}}$$

$$\gamma' = \frac{2R \sin A \sin B}{\sin \frac{A - B}{2}}$$

$$m = \frac{\alpha \sin \frac{A}{2}}{\sin C} = \frac{2R \sin B \sin \frac{A}{2}}{\operatorname{Cos} \frac{B - C}{2}}$$

$$n = \frac{2R \sin C \sin \frac{A}{2}}{\operatorname{Cos} \frac{B - C}{2}}$$

$$m_a^2 = R^2 [1 + 2 \operatorname{Cos} A \operatorname{Cos} (B - C) + \operatorname{Cos}^2 A]$$
$$m_b^2 = R^2 [1 + 2 \operatorname{Cos} B \operatorname{Cos} (A - C) + \operatorname{Cos}^2 B]$$
$$m_c^2 = R^2 [1 + 2 \operatorname{Cos} C \operatorname{Cos} (A - B) + \operatorname{Cos}^2 C]$$

$$r = 4R \sin \frac{A}{2} \sin \frac{B}{2} \sin \frac{C}{2}$$

$$\rho_a = 4R \sin \frac{A}{2} \operatorname{Cos} \frac{B}{2} \operatorname{Cos} \frac{C}{2},$$

$$\rho_b = 4R \sin \frac{B}{2} \operatorname{Cos} \frac{A}{2} \operatorname{Cos} \frac{C}{2}$$

$$\rho_c = 4R \operatorname{Sin} \frac{C}{2} \operatorname{Cos} \frac{A}{2} \operatorname{Cos} \frac{B}{2}.$$

RÉSOLUTION DES TRIANGLES

Triangles rectangles.

Résoudre un triangle rectangle connaissant :

$a, b + c = l$;

$a \pm b = l, a \pm c = l'$;

$a, b(b + c) = k^2$;

$h, b \pm c = l$;

$h, 2p$; $a, b + c + h = l$;

$b - c = l, a - h = l'$;

B, $a \pm h = l$;

$h, p - r = l$; h, β ;

S, α ; a, β ;

$a, \alpha\beta = K^2$; α, m, n ;

a et $\frac{\mu}{\nu} = \frac{p}{q}$;

$a, p^2 = \alpha\gamma$; a et r ;

h, r ; r, ρ_a ; r et S ;

S et sachant que les volumes engendrés par le triangle en tournant successivement autour de chacun de ses côtés sont en progression géométrique.

Triangles Isocèles

Résoudre un triangle isocèle connaissant :

a, h_b ; $b - a = l, h_a$;

$2p, h_a$; a, β ; $\rho_a, h_a - r = l$

h_a, m^b ; calculer les angles ;

h_b, m_b ; h_a, r ;

B, S ;

Que h_b divise le côté b en moyenne et extrême raison ; trouver les angles.

a, m_b ; R, r ; $r, h_a \pm h_b = l$;

R, $h_a - r = l$;

r et la somme des surfaces engendrées par b et c tournant autour de a.

r, ρ_a ; β, ρ_a ; R, ρ_a ;

$h_a - r, = l, h_a + \rho_a = l'$.

Triangles quelconques

Résoudre un triangle quelconque connaissant :

$b = \sqrt{2}, c = \sqrt{3}, C = 60^0$;

$A = 120^0, \frac{b}{c} = \frac{\sqrt{3} - 1}{2}$

A, $bc = K^2$;

$A = 60°, \frac{b}{c} = 2 \pm \sqrt{3}$;

calculer les angles.

a, B, $b = Kc$; a, b, B $= 2$C ;

b, c, B $= 3$C ; a, $b \pm c = l$, C $= 2$B ;

a, $b + c = l$, C $= 3$B ; a, $b - c = l$, B $= 2$C ;

a, A, $b \pm c = l$; a, A, $a - c = l$;

a, C, $b + c = l$; a, B, $b + c = l$;

A, $a + b = l, a + c = l'$;

b, c, $\cos B + \cos C = K$;

a, A, $\sin B + \sin C = K$;

a, $b + c = l$, $\sin B + \sin C = K$;

A, $a + b = l, a + c = l'$; $l > l'$.

a, $2p$, $\operatorname{tg} \frac{B}{2} \operatorname{tg} \frac{C}{2} = K$;

a, A, $b^2 \pm c^2 = K^2$;

a, A, $bc = K^2$;

a, A, $b(b + c) = K^2$;

A, B, C, S ;

b, c, S ; a, A, S ;

a, $b \pm c = l$, S ;

a, $b + c = 2a$, $S = Kbc$;

$b, c, S = \frac{a\sqrt{3}}{4}$;

A, $2p$, S ;

a, A et l'on sait que la surface est maximum, calculer b et c ;

a, A, h_a ; a, b, h_a ;

b, c, h_a ; a, A, h_c ;

$A, b \pm c = l, h_a$;

$a, b \pm c = l, h_a$; $a, h_a, b = Kc$;

$a, h_a, bc = K^2$; $A, h_a, bc = K^2$;

A ; $h_b = K\, h_c$; calculer les angles ;

$A, h_a = h_b + h_c$; calculer les angles ;

h_a, h_b, h_c ; calculer les angles.

A, h_b, h_c ;

h_a et ses projections x et y sur les deux autres côtés. Dans quel cas le triangle est-il rectangle ou équilatéral ?

$A, h_a, x - y = l$

$a, C, h_a = 2b$; $b, c, h_a = a$;

$a, b, h_c = Kc$; $a, B, b - h_a = l$;

$A, b - c = K, h_a$, calculer les angles ;

$a, B, h_b, = b$; $a, B, h_b = \frac{b}{4}$

A, c, α ; A, b, α ; b, c, α ;

$A, \alpha, b + c = l$; A, h_a, α ;

$A, \alpha^2\, mn$; calculer les angles ;

$\alpha, h_a, b + c = l$; $A, a, \beta + \gamma = l$;

$A, b, a = Km_a$; a, m_a, m_b ;

$A, c, a = Km_a$; a, A, m_a ;

$\alpha\, \beta, m_a$; m_a, m_b, m_c ;

A, h_a, m_a ; $a, A, \beta\gamma = Ka^2$;

m_a et les angles de cette médiane avec les côtés qui la comprennent.

B, m_a et l'angle de m_a avec le côté b ;

A, a, r ; A, B, C, r ;

A, $b \pm c = l$, r ;

A, r, ρa ; ρa, ρb, ρc,

A, r, h_a ; $2p$, h_a, ρa

A, B, C, calculer les angles des médianes avec les côtés correspondants ;

b, c, R ; a, $b + c = l$, R ;

a, $2p$, R ; A, $b \pm c = l$, R ;

a, h_a, R ; a, $bc = K^2$, R ;

h_a, R, r ; A, R, r ;

R, r ρa ; a, A, $h_a = \rho a$;

A, $b + c - a = K$, r ; A, r, $2p$;

$B - C = \omega$, a, A ;

$B - C = \omega$ et l'on sait que $b + c = K(b - c)$; calculer les angles.

$B - C = \omega$ et l'on sait que $a = K(b + c)$; calculer les angles.

$B - C = \omega$ et l'on sait que $a^2 = Kbc$, calculer les angles.

$B - C = \omega$, a, $b - c = l$;

$B - C = \omega$, $h_a + \mu = l$, $h_a + \nu = l'$.

$B - C = \omega$, a, h_a ;

$B - C = 2\omega$, $bc = K^2$, m_a ;

$B - C = \omega$, $b \pm c = l$; h_a ;

$B - C = \omega$, a, r ;

$B - C = \omega$, $b^2 + c^2$, a ;

m_a, β, $B - C = \omega$. a, m_a, $B - C = \omega$;

A, S et la projection de m_a sur a;

R, h_a, $\frac{\mu}{\nu} = \frac{m}{n}$; calculer A ;

R, ρ_b, $\dfrac{a}{b+c} = K$, calculer A ;

R, r, $\dfrac{a}{b-c} = K$, calculer A ;

R, β, $\dfrac{a}{b-c} = K$, calculer A — B ;

a, β, $\dfrac{b+c}{p-v} = K$, calculer C ;

h_a, m_a, R ;

a, A, $b - c + h = l$;

a, A, $b + c - h = l$;

a, h_a et l'angle φ que fait h_a avec b.

A, h_a, $\mu\nu = K^2$;

R, ρ_c, $\dfrac{a}{b-c} = \dfrac{m}{n}$, calculer A.

h_c, $\dfrac{a}{b-c} = \dfrac{m}{n}$, $\mu - \nu = l$;

a, m_a, $B - C = \omega$;

$B - C = \omega$, r, $\rho_b + \rho_c$.

a, A, $b \times CH_a = K^2$, calculer b. Construction géométrique.

a, α et l'angle θ de la bissectrice avec a.

h_b, h_c, r ; h_b, h_c, ρ_a ; r, ρ_b, ρ_c ;

A, μ, ν ; calculer h_a.

$\dfrac{a}{m_a} = \dfrac{p}{q}$, r, ρ_a ;

h_b, h_c, $\rho_a - r$;

Quadrilatères

On pose :

$AB = a.$
$BC = b.$
$CD = c.$
$DA = d.$

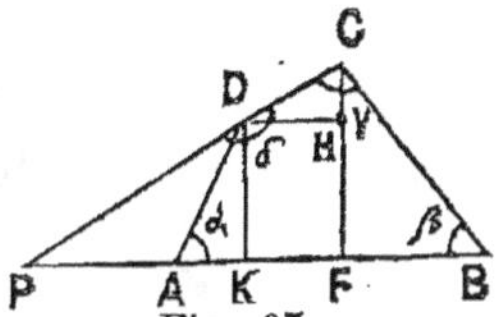

Fig. 37.

Etablir les relations :

$P = 180 - (\beta + \gamma) = CDH$

$$a = a \cos \alpha + b \cos \beta - c \cos (\beta + \gamma)$$

$$b \sin \beta = d \sin \alpha + c \sin (\beta + \gamma)$$

$$2S = cd \sin \alpha + ab \sin \beta.$$

Résoudre un quadrilatère connaissant :

$a, b, c, d,$ S ; $a, b, c, d, \alpha + \gamma = \omega.$
$b, c, d, \alpha + \beta = \omega, \beta + \gamma = \omega'$; $a, c, \alpha, \beta, \gamma$;
a, b, c, d, α ; b, c, d, α, β ; $\beta, \gamma, a, b, c.$

Quadrilatères circonscrits

$AB = a, BC = b, CD = c, AD = d,$

$$\frac{A + B}{2} = 180^0 - \frac{C + D}{2}$$

R étant le rayon du cercle inscrit on a : $a + c = b + d$ avec :

$$\text{Cotg} \frac{A}{2} + \text{Cotg} \frac{B}{2} = \frac{a}{R}$$

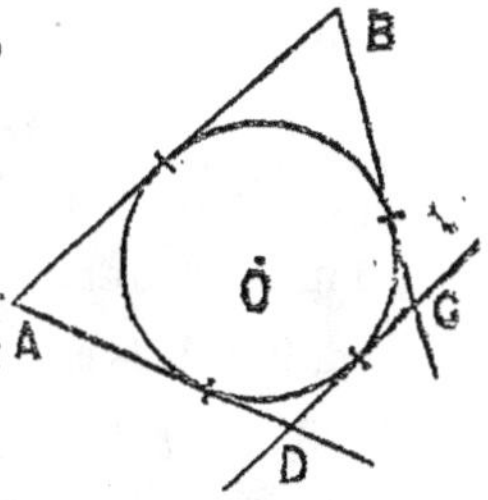

Fig. 38.

$$\text{Cotg}\,\frac{B}{2} + \text{Cotg}\,\frac{C}{2} = \frac{b}{R}$$

$$\text{Cotg}\,\frac{C}{2} + \text{Cotg}\,\frac{D}{2} = \frac{c}{R}$$

$$\text{Cotg}\,\frac{A}{2} + \text{Cotg}\,\frac{D}{2} = \frac{d}{R}$$

Telles sont les formules de résolution.

Trapèzes

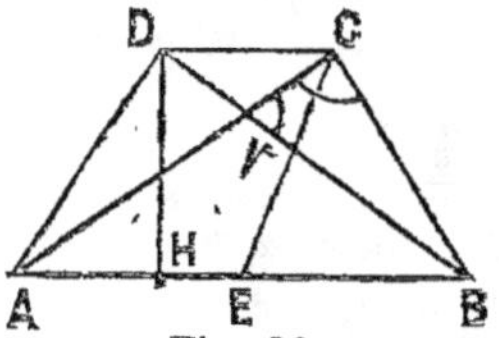

Fig. 39.

$AB = a$, $CD = c$
$BC = b$, $DA = d$
$A + D = B + C = 180°$
$DH = h$, $AC = m$, $BD = m'$.
On a :
$a = b \cos B + d \cos A + c$

$$S = \frac{1}{2}(ab \sin B + cd \sin D)$$

$$b \sin B = d \sin A$$

ou encore :

$$d = \frac{(a - c) \sin B}{\sin (A + B)}, \quad \cos A = \frac{(a - c)^2 + d^2 - b^2}{2d\,(a - c)}$$

On donne a, c, et les angles, calculer b et d.

a, c, d, B ; $a + c$, b, m, m' ;

$2p$, h, A, C ; m, m' A, B ; S, h, A, B.

a, S, A, B ; $2p$, S, A, B ; a, c, m, μ, (μ l'angle aigu des diagonales).

Trapèzes circonscrits

Posons AB $= a$, BC $= b$, CD $= c$, DE $= d$, et soient α, β, les angles.

— Etablir les relations

$$a = R\,\frac{\sin\frac{\alpha+\beta}{2}}{\sin\frac{\alpha}{2}\sin\frac{\beta}{2}}$$

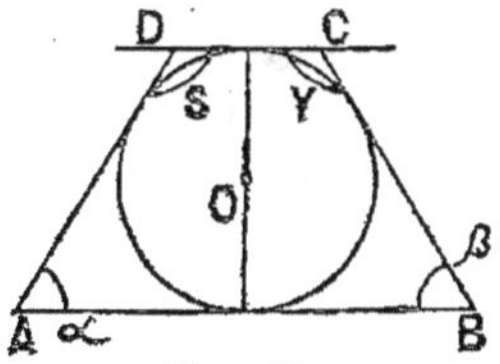

Fig. 40.

$$b = \frac{2R}{\sin\beta}, \quad c = R\,\frac{\sin\frac{\alpha+\beta}{2}}{\cos\frac{\alpha}{2}\cos\frac{\beta}{2}}, \quad d = \frac{2R}{\sin\alpha}.$$

$$S = 2R^2\,\frac{\sin\alpha + \sin\beta}{\sin\alpha\sin\beta}.$$

— Résoudre un trapèze circonscrit à un cercle de rayon R connaissant :

a, b, c ; calculer R et S,

a, c, R ; calculer α et β,

a, b, β ; a, b, $\alpha + \beta = \omega$,

a, b, α ; a, R $\alpha + \beta = \omega$,

$a + c$, R, $\alpha + \beta = \omega$; $a + c$, $\alpha \pm \beta = \omega$, S ;

$a \pm c$, R, $\alpha - \beta = \omega$; $b - d$, R, $\alpha \pm \beta = \omega$;

$a - c$, $b - d$, R ; $b - d$, R, S ;

b, d, S ; a, c, S.

— Résoudre un parallélogramme ABCD connaissant : l'angle B, l'angle α des diagonales ainsi que leur somme $2l$.

— Dans un trapèze isocèle on donne le périmètre $2p$, l'angle α de la diagonale BD avec la grande base ainsi que la longueur $BD = d$. Calculer 1° la surface du trapèze ; le rayon du cercle circonscrit ; l'angle C. 2° Relation entre les données pour que ce trapèze soit circonscriptible.

— Si dans un quadrilatère inscrit les côtés sont en progression géométrique de raison q on a :

$$\frac{\operatorname{tg}\frac{C-B}{2}}{\operatorname{tg}\frac{C+B}{2}} = \frac{(q^2-1)^2}{(q^2+1)^2}$$

GÉOMÉTRIE COTÉE

— Mener une droite s'appuyant sur une droite donnée et sur un plan donné et ayant une pente donnée.

— Mener une droite s'appuyant sur deux droites données, parallèles au plan horizontal et faisant avec elles des angles égaux.

— Mener par un point donné une droite faisant des angles égaux avec deux droites données et s'appuyant sur l'une d'elles, située dans le plan H.

— Mener par un point, une droite faisant un angle donné avec un plan P et située à une distance *d* d'un point donné dans le plan horizontal.

— Etant données les projections non cotées de deux droites et leur perpendiculaire commune, coter ces deux droites.

— Construire une droite rencontrant trois droites données.

— Condition de perpendicularité de deux plans donnés par leurs échelles de pente.

— On donne deux droites, l'une Δ verticale, l'autre Δ' dans le plan horizontal ; mener par un point donné une droite telle que ses plus courtes distances à Δ et Δ' soient égales à des longueurs données.

– Etant données deux droites OA et OB dans le plan horizontal, mener par le point O une droite faisant des angles donnés avec les deux premières.

— Trouver la plus courte distance de deux droites dont les projections horizontales sont parallèles.

— Même question pour deux horizontales.

— Faire tourner un plan P d'un angle α, autour d'une droite donnée dans le plan horizontal.

— Par la trace d'une droite donnée, faire passer un axe de telle façon qu'en la faisant tourner autour de cet axe, on puisse la rendre verticale. Trouver la nouvelle projection de la droite.

— On donne une droite Δ et un point A duquel on abaisse une perpendiculaire sur le plan projetant la droite ; puis on fait tourner celle-ci autour de la perpendiculaire jusqu'à ce qu'elle devienne verticale. Trouver sa nouvelle projection.

— On donne trois points de cotes h, h', h'' ; déterminer la trace du plan de ces trois points. Démontrer par le théorème de Ménélaüs que les traces des droites joignant ces points deux à deux, sont en ligne droite.

— Deux droites ont même trace et on donne pour chacune d'elles un point coté. Trouver l'angle de ces deux droites.

— On donne deux points de même cote h et un plan déterminé par sa trace et l'un de ces points. Trouver la distance de l'autre point au plan.

— Trouver la distance d'un point situé dans le

plan horizontal à une droite Δ donnée par sa trace et la projection cotée d'un de ses points.

— Mener par un point une droite passant à une distance d d'une droite donnée Δ et faisant avec elle un angle donné.

— Deux plans sont déterminés par leurs traces et la projection cotée d'un point de l'intersection. Trouver l'angle de ces deux plans.

— On donne une verticale par sa trace a, un point o de cote h et un point s de cote h'. On demande de mener par S une droite qui soit à des distances données du point O et de la droite A.

— On donne un tétraèdre SABC. Trouver le plus court chemin pour parcourir les faces latérales en partant du point A et en revenant au même point.

— Construire un trièdre trirectangle connaissant la projection cotée d'une arête et la projection non cotée d'une autre arête.

— On donne dans le plan de comparaison, un triangle rectangle abc ; un point D est projeté en a et sa cote est h. Ces quatre points étant les sommets d'un tétraèdre, on demande de déterminer la projection et la cote du centre de la sphère circonscrite, ainsi que le rayon de cette sphère.

— On donne le point a de contact d'une sphère avec le plan de comparaison et le rayon de cette sphère. Mener par une droite Δ du plan de comparaison le second plan tangent à la sphère. Déterminer la projection et la cote du point de contact.

— Mener par une verticale donnée, un plan tangent à une sphère donnée.

La droite donnée étant quelconque, ramener la construction au cas précédent en trouvant un axe de rotation tel que l'on puisse amener la droite à être verticale sans changer la projection de la sphère.

— Mener par un point donné du plan horizontal un plan de pente donnée, tangent à une sphère dont le centre a pour cote zéro.

— Mener un plan tangent commun à deux sphères données et ayant une pente donnée.

— On donne une sphère et deux tangentes SA, SB. Mener une troisième tangente SC faisant un angle donné avec un plan donné.

— Mener à une sphère donnée une droite tangente qui rencontre une droite donnée en un point donné.

— Etant donnés une sphère et un plan, mener à la sphère, une tangente qui soit contenue dans ce plan.

— Construire une sphère tangente au plan horizontal et à un plan donné et passant par deux points donnés.

— Construire une sphère passant par trois points donnés dans le plan horizontal et tangente à une droite donnée ou à un plan donné.

— Etant données deux droites, l'une Δ dans le plan horizontal, l'autre Δ' quelconque, et un point sur chacune de ces droites. Mener une sphère tangente à ces deux droites aux points donnés.

— Construire une sphère tangente aux 4 côtés

d'un quadrilatère gauche. Conditions de possibilité.

— On donne deux droites dans le plan horizontal, sur lesquelles on prend deux points A et B à égale distance de leur intersection, puis un plan, déterminé par son échelle de pente. Mener une sphère tangente aux deux droites en A et B et tangente au plan donné.

— Remplacer le plan donné par une droite donnée.

On donne une sphère par son centre et son contour apparent. Trouver la plus courte distance à cette sphère d'un point A de cote zéro.

— Couper une sphère par un plan passant par une droite donnée et tel que le cercle de section ait un rayon donné.

— Mener par un point donné, un plan coupant deux sphères données suivant des cercles de rayons donnés.

— Deux sphères de rayons donnés sont tangentes au plan de comparaison en deux points donnés. Trouver l'intersection de ces deux sphères.

— On donne deux droites parallèles Δ et Δ' et un point A. Décrire une sphère de rayon donné passant par A et tangente aux deux droites

— On donne un trièdre dont une face est dans le plan horizontal. Faire passer par les trois arêtes de ce trièdre un cône de révolution.

— Construire un cône passant par une droite donnée et tangente à deux plans donnés, son sommet étant déterminé par la rencontre de la droite donnée et de la droite d'intersection des deux plans.

— Construire un cône de révolution connaissant deux génératrices et sachant qu'il est tangent au plan horizontal.

— Inscrire un cône de révolution dans un trièdre donné.

— Mener à un cylindre de révolution, donné par son axe et une génératrice, un plan tangent de pente donnée.

— Mener à un cylindre oblique à base circulaire située dans le plan horizontal, un plan tangent passant par une droite donnée.

— Mener à un cône de révolution un plan tangent de pente donnée.

— On donne une sphère tangente au plan horizontal et un point s dont la cote est égale au diamètre de la sphère. Montrer que la trace horizontale, du cône de sommet S' et circonscrit à la sphère, est une parabole. La construire.

— On donne une sphère et un cône de révolution de sommet S, circonscrit à la sphère. Mener par un point donné A un plan tangent à ce cône.

— On donne un cercle dans le plan horizontal et une droite Δ de l'espace. Faire passer par le cercle une sphère telle que le cône circonscrit suivant ce cercle soit tangent à la droite.

— Trouver l'intersection d'une droite donnée avec un cylindre dont la trace horizontale est un cercle et dont on donne la direction des génératrices.

— Mener par une droite passant par le sommet

d'un cône un plan coupant ce cône suivant deux génératrices faisant entre elles un angle donné.

— Mener un plan tangent commun à un cylindre et à un cône dont les bases sont un même cercle situé dans le plan horizontal.

— Un cône et un cylindre ont pour bases deux cercles situés dans le plan horizontal. Trouver les normales communes aux deux surfaces.

— Trouver et construire le plus court chemin entre deux points donnés sur un cône de révolution.

— Condition pour que deux cônes de révolution aient une sphère inscrite commune.

MÉCANIQUE. PHYSIQUE
COSMOGRAPHIE. TOPOGRAPHIE

— On donne un quadrilatère ABCD ; en B, on applique deux forces BA, BC et en C deux forces CA, CD, Résultante de ces deux forces ?

— On considère un carré ABCD ; soit E le milieu de DC et on prend F sur AB tel que $AF = \frac{1}{3} AD$; En B on applique des forces BC, BE et BF. Trouver leur résultante.

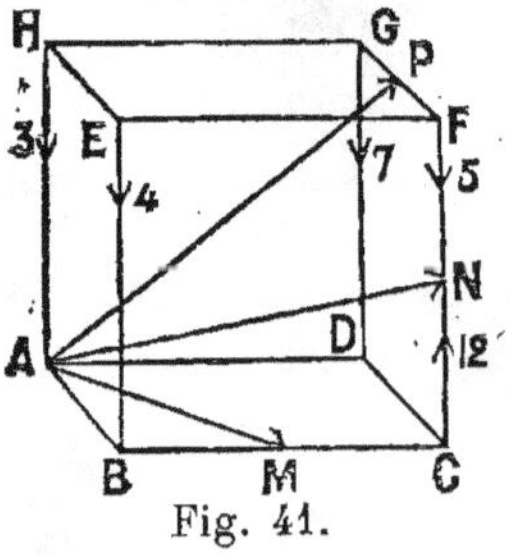

Fig. 41.

— On considère un cube ABCDEFGH, on prend les milieux M, N, P des arêtes BC, CF, FG et on considère les forces AD. AM, AN, AP. Trouver leur résultante.

En H, E, C, F, G on applique des forces proportionnelles respectivement aux nombres 3, 4, 12, 5, 7. Trouver leur résultante (fig. 41).

— On donne un point fixe A autour duquel tourne une barre AB $= l$. 1° Quelle force horizontale faut-il appliquer en B pour qu'il y ait équilibre ?

2° Calculer la force horizontale en B pour que $\alpha = 30^0$ (α est l'angle de AB avec la verticale passant par A).

— Décomposer une force f appliquée en un point O pris à l'intérieur d'un tétraèdre, en quatre forces parallèles appliquées aux sommets.

— Aux quatre sommets d'un trapèze on applique des masses égales ; position du centre de gravité du système.

— Centre de gravité d'une sphère dans laquelle on a pratiqué une cavité sphérique de rayon r.

— On imagine des mobiles partant en même temps des différents points B et C d'une circonférence pour aboutir en A, par des plans inclinés BA, CA ; démontrer que ces mobiles arriveront ensemble en A.

— Un corps pesant supposé réduit à un point, placé sur un plan incliné est en équilibre sous l'action de son poids et de 3 forces égales chacune au $\frac{1}{3}$ de son poids. Ces forces étant, l'une horizontale, la 2e verticale, la 3e parallèle à la ligne de plus grande pente du plan, déterminer l'angle du plan incliné avec le plan horizontal.

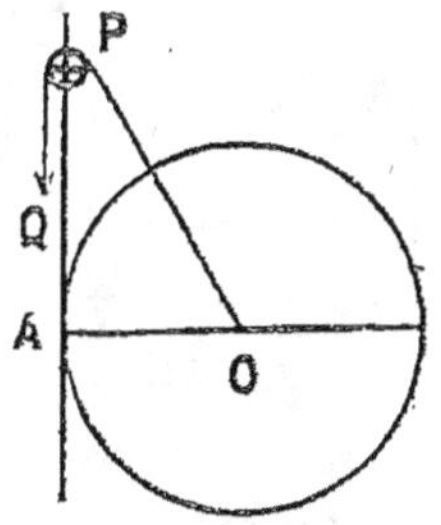

Fig. 42.

— On donne un disque circulaire de rayon R, et de poids p, au centre est une corde qui passe sur une poulie située en P sur la tangente en A au disque, et un poids Q est fixé à l'extrémité de la corde. Equilibre du système.

— On donne un demi-cercle AB sur lequel on place un poids P relié à l'aide d'une poulie placée en B à un poids Q. Position d'équilibre.

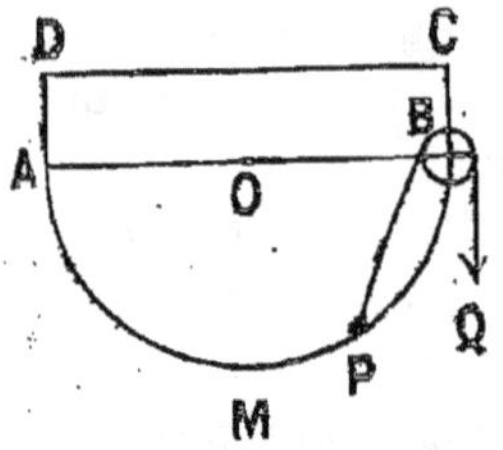

Fig. 43.

— Sur le diamètre AB d'un demi-cercle AMB on construit un rectangle de hauteur x. Trouver x pour que le centre de gravité du contour AMBD soit au centre O du demi-cercle.

— On donne un cercle O et un diamètre vertical AB en A, on lance avec une vitesse v_0, un corps qui ne peut se mouvoir que sur le cercle. Soit C un point du cercle tel que l'angle AOC. = 60° Vitesse du mobile quand il passe en C?

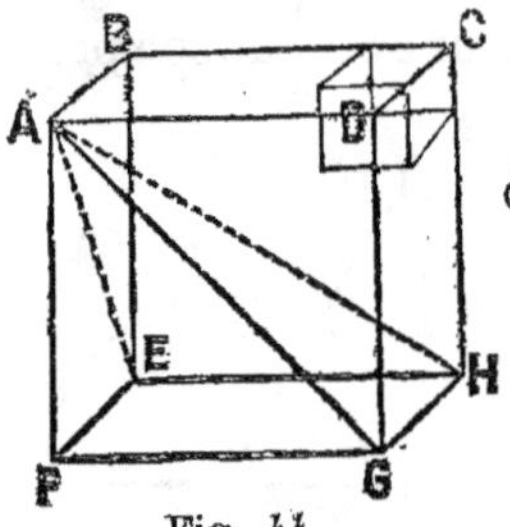

Fig. 44.

— On donne un cube ABCD EFGH. On enlève la pyramide AEFGH. Centre de gravité de la partie restante?

— On donne un cube ABCD EFGHen C, on enlève un cube égal au quart du grand. Centre de gravité du volume restant?

— On donne un plan incliné d'angle α où AB $= l$; un corps part de B sans vitesse initiale et parcourt AB. En A il tombe dans la vide.

Combien de temps met-il pour atteindre un plan horizontal situé à une distance h du plan incliné?

— On fait monter un corps de 500 kgr. le long d'un plan incliné de 30^0 à l'aide d'une corde qui s'enroule sur une poulie de 20 cent. de rayon et qui est mise en mouvement par une manivelle de 1 m. 50 de longueur. Quelle force faut-il appliquer au bras de la manivelle pour qu'il y ait équilibre ?

— Deux plans inclinés en forme de gouttière sont parfaitement polis et font des angles α et α' avec l'horizon. On place sur ces plans des sphères de diamètres différents. Angle de la ligne des centres avec l'horizon au bout du temps t.

— Un tube barométrique de longueur b contient une longueur l de mercure. A quelle température faut-il le chauffer pour qu'il se remplisse. ? (On connaît les coefficients de dilatation du verre et du mercure).

— Dans une chaudière, la pression de la vapeur est 5 atmosphères, la surface du piston est 3 d. m.q., la machine est sans condenseur. On demande le travail du piston pour une course de 75 cm.

— On a une tige de cuivre AB à la température de 10^0 et on la mesure avec une règle de platine à la même température. La longueur approchée est 3 m. On demande la longueur de la tige AB à 0°, connaissant les coefficients de dilatation du cuivre et du platine.

— On laisse tomber un corps de poids P d'un point A dans une nappe d'eau située à une distance verticale $AB = h$ du point A. Etudier la chute du corps dans l'air et dans l'eau ; quelle sera la profondeur atteinte ?

Application P = 20 gr. le volume du corps étant 30 cm^3.

— Soit v la vitesse d'un corps qui tombe, a celle du son ; on laisse tomber une pierre dans un puits et on entend le son au bout du temps t. Calculer la profondeur du puits ; quelle solution faut-il prendre?

— Deux lieux de la Terre sont situés sur un même méridien, l'un est à $48°50'13''\frac{6}{10}$ et l'autre à $61°34'20''\frac{2}{10}$ de latitude. Calculer en myriamètres la distance de ces deux points.

— Trouver la relation entre la longueur d'une hachure, la pente et l'équidistance graphique.

FIN

LAVAL. — Imprimerie parisienne, L. BARNÉOUD & Cie.

www.ingramcontent.com/pod-product-compliance
Lightning Source LLC
Chambersburg PA
CBHW052033270326
41931CB00012B/2468
9782014508109